U0024126

從失學少年
到太空科學家

劉漢壽回憶錄

◎ 他小時是讀不起書的窮苦孩子，成長後卻是馳名全球的太空科學家

◎ 他是美國阿波羅登月計劃，七人指導小組成員之一

◎ 他研究地球系統的軌道改變對地球環境之影響

◎ 他用衛星遙測地殼下的應力分佈與熔岩對流，確定地震、海嘯的地點與強度

劉漢壽／著

伸長成功後的太空長線（P.65）

4

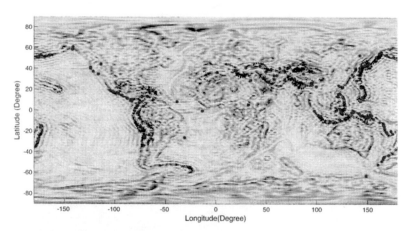

離地面 10 公里以下的地層應力之分佈，與過去 30 年內 140 個大地震的位置圖。

（P.158）

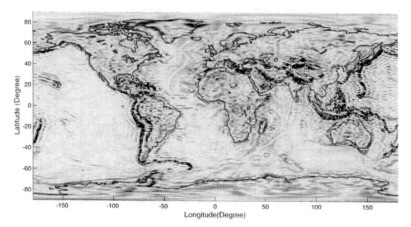

離地面 10 公里以下的地層應力之分佈，與今日世界之形成。（P.159）

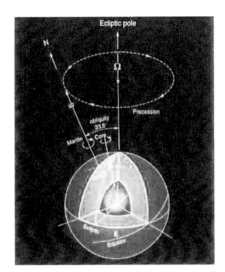

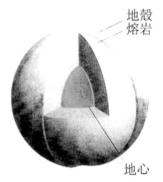

地殼
熔岩

地心

衛星重力分層掃瞄。（P.160）

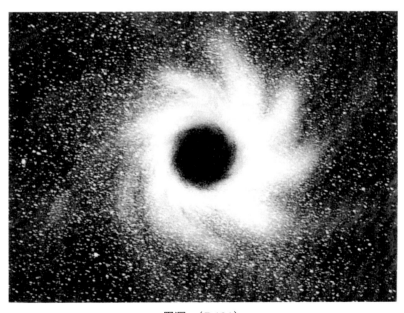

黑洞。（P.161）

6

太空總署特別獎。（P.199）

國際年度風雲科學家獎。（P.200）

世界藝術及科學會議終身成就獎。（P.204）

鄭詩代序

專心致力事科研　幾番辛苦幾熬煎

爲生民謀福祉　上窮碧落下黃泉　採月

往還㠪萬里　術業深測比年　川居非

英才具宏學　爭浮名譽世得白髮

遊子淚　粒粒……堅百……國城真

國士佛弈靈功不等閒

長沙胡……

己丑年夏日……投……書

前　言

　　1965 年 10 月 19 日，美國首都華盛頓郵報報導，一位中國出生的太空科學家的研究成果，已使美國的太空計劃趕上蘇俄，在某些極為重要的衛星研究領域，並已超越了蘇俄。同日的華盛頓明星報也發佈新聞評論，確認這位中國科學家的研究工作，已是無價可估。他乃當今世界九大衛星研發權威之一，其中五名係蘇俄人。翌日各大報章雜誌，競相轉載，沸沸揚揚，我幾乎成為這條科學新聞追蹤的焦點，當年因為種種原因，我只能銷聲匿跡，隱姓埋名。像一顆流星，閃爍片刻之後，就不知流失何方，殞落何處！

　　四十年過去了，斗轉星移，人事解密。翻閱塵封保密的檔案，不無感慨。檔案資料中記載的科學成就，天才桂冠，及登月功勛，多多少少意味著人生的意義與生命的價值。我不禁自問：我這一生追求的到底是什麼？能償還的又是些什麼？

　　1930 年我出生於中國，我的少年時期是在抗日戰爭烽火中渡過。外侮的侵凌，激起了我對國家民族的熱愛。而半世紀以來，因個人無法掙脫大時代的局限，致飄流海外，祖國已是我難以回去的家，深以為憾！爰就一生在國外奮鬥的經歷與故事，編寫成一本回憶錄，以記述歷史的真跡及人生的意義。所幸一生的坎坷，我留下了一些可供濟世的智識；對社會也已善盡了堅持科學的良知與理性的義務。

　　今年是我從事太空研究工作五十週年，當年美蘇太空競賽正是我從事航天工作的時代。回溯與第二次世界大戰以後的德國戰俘火

箭專家,在美國同做太空之夢時,火箭發射衛星,蹣跚起步,不能突破地球重力場。對當年試驗失敗之情景,記憶猶新;篳路籃縷,排除困難,到現在全球已發射了約六千餘顆衛星,進入太空。美國的巨型火箭,也已多次發射衛星,探討宇宙的邊緣。美國的太空計劃分為兩大部門:載人飛行衛星與科技研發衛星。對軍事、通訊、氣象、遙控、遙感、遙測、資源的開發與天災的預報等方面的貢獻,均極具價值。在這個世界頂尖太空科技研發的機構裡,當年我以中國人的身份,憑什麼能被邀請參與阿波羅載人衛星的登月計劃?五十年來我到底做了些什麼?其價值與意義又在那裡?在這本回憶錄裡,我將以簡單、平實,及通俗的方式,介紹我自己的科技研究工作,以供後輩才俊,作上進精修,開拓前途之借鏡,及尋找靈感,領悟人生之參考。

　　近年來中國大陸開發,建核電廠、造蓄水庫,南水北調、西氣東輸,興築三峽水壩、建造高原鐵路、開鑿交通隧道,以及鑽探地層下礦床或油田等設施,都已在廣大的國土上進行。國土的安全,是每一個中國人切身的問題。為了配合現代化的安全論證及保護人民的生命及財產,中國太空及地球科學的進展,也已有能力輔導國土資源的開發,地震災害的預防,及地質穩定的探討。我的研究工作,已為太空科學開拓了一條尋找資源及能源的新路,並曾揮劍斬除天然災害中的鬼怪與妖魔。預報比利時地震及尋找非洲礦床的成功,促使我在天文物理及地質科學之間,建造了互通往來的天橋與地道。因此我希望我的回憶錄,對中國太空及地球科學之發展與應用,也能有論證及參考的價值。

　　2007年底,本回憶錄完稿,經美國國會圖書館審核著作版權,准予註冊以後,我曾先後託請在中國大陸及臺灣的出版社,辦理回

憶錄之出版事宜，但均以本書或有涉及當時雙方敏感之文字及情事之敘述，致未能順利印行。

於是，我開始自撰、自編、自排、自校，自己將回憶錄原稿製成完整之光碟後，決定在美國印製成書。當時個人人事檔案等甫告解密，而回憶錄中之用詞遣句，因個人文字修養不足及少用中文寫作，實有錯失不週之處。故未作多量發行。衹少數分贈親友故舊，請予賜閱指教。

2009 年中，本回憶錄承蒙鄭兆輝先生等新知故舊，作審鎮之文字校對及文句修正理順後，較初次印行者大有改進。而海峽兩岸局勢已趨向和緩，故擬予以正規出版，並廣為發行，將我畢生致力之科研成果，及個人經歷等，作一完整報告。希望藉此影響並連繫海峽兩岸，千千萬萬青年及有關人士，共同贊助，合作探討。使此一研究領域內，增進人類福祉之實際成效，更加輝煌！

目　次

一、出生和家境

1938年9月的一個黃昏時刻，時年八歲。我因無錢上學讀書，與母親爭吵，受到責罰，被鞭打得大哭大叫，鄰居們都被驚動了，紛紛前來勸解，母親息怒後，抱著我痛哭一場，這一個人生成長的小插曲，改變了我的前途和命運，但沒想到這竟與三十年後人類首次登月的成功有關！

當年我與母親相依為命，全靠母親胼手胝足，種植蔬菜為生。母親每天早晨挑送新鮮的蔬菜至淥口市場出賣，換購糧食回家。因此我每日必須上山砍柴，生火煮飯。時值讀書認字年齡，同年玩伴都已上學，每天放學後，他們都談論著學校生活的快樂，我羨慕極了！每天外出砍柴，必須經過學校的操場，在操場上看到教室裡的學生們在做功課，自己不能進去，幼小的心靈感到了失學之痛。當時盼望會有一天，我也能夠去上學讀書。

一天下午，我隨著學生混入教室旁聽。算術課後，便是常識。常識課後又是書法；書法又分大楷，中楷與小楷。第一次置身於課堂之中，第一次聽老師講課，聚精會神，把一切都忘記了！放學鈴聲響起，夕陽西沉。一天沒有上山砍柴，也就只好回家了。母親無柴生火煮飯，罵我偷懶，要我明天繼續上山砍柴，不可上學。我反抗：「明天我要上學，不要上山砍柴」。母親生氣了，警告我說：「如果你明天再要去上學，我就會用竹鞭打你的屁股」。我連聲說：「我要上學！我要上學！」於是愈打愈重，痛得我大哭大叫，驚動了左鄰右舍，前來勸解。第二天我仍遵母命，含著眼淚，又上山去砍柴了。

　　這個小風波，第二天就傳到了漲口小學。在課餘的時候，老師和學生都談論著這對母子「上學」與「砍柴」之爭。校長王保真先生是一位仁厚的鄉村教育家。這天放學以後，他來到我家，對我的母親說：「既然你兒子喜歡讀書，你就讓他上學吧！」母親答道：「我家連飯都沒有吃，那裡有錢交學費，讓他上學讀書呢？」王校長告訴我母親，說是學校已為我設立了一個清寒免費旁聽學額，可以不交學費。母親聽了，也就無話可說。於是我就可以上學了！

　　在我正式上學的第一天，王校長對我說：「你今年八歲了，准你插班三年級試讀。你的家境清寒，免交學費。如果你的成績優秀，你可以住校讀書，免交學膳住宿等一切費用，成為一名清寒優秀免費生。」我問王校長優秀是什麼意思，他笑著說：「考試第一名」。年終考試完畢，學校放榜，我僥倖名列第一，因此四年級開始，我就離開了母親，寄宿在學校。

　　母親不識字，篤信佛教，是中國舊社會的典型婦女。在我離家住校的前夕，她為我縫補了一些衣服鞋襪，並且講了如下的一段故事：

　　「九年前我懷了你，因家中窮困，無錢買米，你的父親只好去投軍，當時領了一斤油、一斤鹽、一斗米，作為養家需要，供我活了一個冬天。你出生時沒有人幫助我，我把你洗乾淨後，放在被窩裡。當時我不忍看到你一來到人間，就跟著我受人世間的折磨與苦難，決心了結你的生命。當時月光從窗口進入，照到你的臉上。當我第一眼看到你的眼睛，我就狠不了心，下不了手。我曾向明月懺悔發誓：即令我要受千刀萬剮，我也要把你撫養成人。你父親投軍以後，杳無音訊，以後我只能靠種菜謀生。每年冬季，蔬菜不能生長，無菜出賣，每天忍饑耐餓。有幾個冬天，我曾帶著你，隨同幾家貧苦的鄰居們，到湘江對岸的白沙洲上去挖觀音土吃。觀音土乾

淨柔軟，可以當作飯吃。為了拯救世人，大慈大悲的觀音菩薩下凡人間，化塵土為糧食，這樣我們才沒有被餓死。」

母親繼續縫補，又說：「我不肯送你上學，是因為沒有錢交學費。現在你可免費上學，你應該努力讀書，改變你自己的這條苦命。你已失學兩年，不但要能迎頭趕上，還要能考取第一名。你要向前走，不要回頭。學校放假，你也要留校讀書，不要回家。」

臨行密密縫，大有怕我遲遲不走之意。因為母親看出了還是幼年的兒子，已流出了眷戀親娘的兩行眼淚。

夜深了，明月高照，照亮了我家茅屋的窗口。廣寒宮裡的嫦娥，看到了人間一對可憐母子的「生離」情景。

寄宿學校以後，每逢週末及節日放假，我都留校讀書。直到第二年農曆新年，我才回家。中國新年，非常熱鬧。家家戶戶的大門上，都貼上了紅紙春聯，寫出些吉祥如意的文字。如「對我生財」，「東成西就，南通北達」，及「天增歲月人增壽，春滿乾坤福滿門」等等。我在紅紙上寫了「南塘書屋」四個大字，張貼在大門之上。因我家地屬南塘，應景社區，應很貼切。母親雖不識字，看到了自家的大門上也有紅紙黑字，也就非常高興。不料一群人來到我家門前，因為他們看到的不是吉利的字句，於是便切切私議。有人說：「這是茅屋，不是書屋」，又有人說：「這茅屋裡沒有書」，再有人說：「茅屋漏雨，不能藏書」，更有人說：「這間茅屋丟我們南塘人的臉」。冷嘲熱諷，尖酸刻薄。當時我很後悔張貼這四個大字，使母親受到羞辱。因為平心而論，這些批評都是很中肯的。不意母親在人群中說道：「這是我的家，我兒子上學讀書，腦袋裡詩書萬卷，他住在這屋子裡，這屋子不是書屋，是什麼屋？」母親沒有受過教育，她的機智與急智，使人心服口服。她的這番話，使我領悟到以後在重重圍困的情況下，不但要能巋然不動，還要能夠出奇取勝！

　　中國新年過後，我繼續住校。正在第二年年終考試的時候，鄰居劉楚順先生來到學校，告訴我母親病重，叫我立刻回家。我告訴他說：「明天考試完畢以後，我馬上回家」。他無法勉強，於是去找校長，請校長命我立即回家。我對校長說：「我還沒有考完，怎麼能得第一名；不能得第一名，明年我又要失學了。」校長說：「你考完了，一定是第一名；沒有考完，也算你是第一名。你的母親去世了，你應立即回家，去見她最後一面。」

　　我回到了「南塘書屋」，母親躺在屋內的稻草上，一條白布蓋在她的身上，揭開頭部的白布，看到母親面色蒼白，雙眼緊閉，我便放聲大哭。母親衣髮全濕，是因為受不住生活及疾病的痛苦與折磨，而投水自盡的，時年三十五歲。這天夜裡，我睡在母親的身旁，泣不成聲，整夜向她懺悔，請求她寬恕我的不孝，並向她發誓，我以後會努力讀書，開創前途，以報答她養育之恩。

　　夜深了，月光又照亮了我家茅屋的窗口，廣寒宮裡的嫦娥，這一次又看到了人間一對苦命母子的「死別」。

　　第二天上午，葬母親於「南塘書屋」後面的一座山崗上，俯覽湘江對岸的白沙洲。山崗上有我童年砍柴的足跡；白沙洲裡蘊藏著我曾經吃過的觀音土。青山永在，綠水長流。那裡是我人生的起點，生命的根源，也是我母親及歷代祖先長眠安息之地。

　　離別故鄉已六十餘年了，一個甲子的歲月滄桑與風雲變幻，使我夢魂縈繞，鄉思不盡！

二、讀書與抗日

1938 年至 1945 年間，我正在上小學及初中，家鄉湖南發生了一場場中國軍隊同日本侵略軍血雨腥風的激戰。以長沙大火為前奏，這片國土上進行了三次長沙會戰，常德保衛戰和長（長沙）衡（衡陽）會戰等五次重大戰役行動。

1938 年 11 月湖南省政府得到日軍已逼近的報告，為實行焦土抗戰，乃下令自焚長沙。濃煙烈火中，千古名城，化為灰燼。當時湖南文風很盛，重點中學，都設立在長沙。長沙大火後，這些私立的中學，如明德、周南、長郡、雅禮、行素、藝芳、楚怡、廣益、岳雲及妙高峰與公立的學校，如湖南第一中學、湖南第一師範及湖南第一高工，都搬到了偏僻的城鎮。而所有私立中學及湖南第一中學，學費都很昂貴；只有師範及高工兩校，是公費教育。清寒如我，幸而仍有選擇。師範或高工？我志在高工。

1943 年初中畢業後，我在湖南衡山參加南岳會考，師範及高工兩校同時放榜，我僥倖名上兩榜。高興之餘，我曾登上南岳祝融峰，觀雲海、看日出、賞明月。當時因旅費不夠，無錢買飯，饑餓中暈倒在南岳佛寺的飯堂裡。幸住持方丈，慈悲為懷，賜給我白飯一碗，豆芽一碟。待我體力恢復後，又贈送我銅錢十枚。作為補助我去高工讀書的旅費。名山古寺，濟我窮困，感念殊深！

長沙大火後的高工，已遷到偏僻的湘鄉開課。

從漣口負笈到湘鄉上學，我必須渡湘江，經過湘潭的韶山。韶山話與漣口話同屬湘潭系的湖南土語。去湘鄉上學高工時，路過韶

山，因迷路而向一老年農人問路。我因饑餓，並向他討飯。他以白粥一碗，給我充饑，並送給我煮熟的茶葉蛋兩個。經他指點迷津後，我告辭趕路。臨別時，他輕輕地對我說：「這是毛潤之先生的老家」。（註：毛主席名澤東字潤之。當年湖南反共，禁止民間傳播毛澤東及朱德之名）。現在我仍感念這位老人當年給我的恩惠與指點。

　　當時高工在湘鄉的臨時校舍，原是曾國藩家族住宅朗和堂和黃壁堂。庭院深深，房屋寬廣。在戰爭的大後方，教學情緒高昂，弦歌不絕。我對兩位老師的印像特別深：一位是教三角學的彭老師，他是湖南第一師範學校第八班的畢業生。他告訴我們，他在一師讀書時，每天晚上，無間寒暑，他都看見毛潤之先生用毛巾和井水，擦洗全身，鍛練身體。另一位是教幾何學的羅老師，他是兵工學校大學部的畢業生。他告訴我們，在大後方的兵工廠，已能製造槍砲彈榴，抵抗日本的侵略。這樣就更堅定了我們對「抗戰必勝，建國必成」的信心。從此我也就立志要去考這所「兵工學校」。

　　1944 年，日本為徹底摧毀中美空軍在中國南部的立足之地，投入了廿餘萬軍力，企圖打通粵漢（京廣）鐵路，中國乃發動壯烈的長（沙）衡（陽）保衛戰，粉碎日軍進攻。首先日軍分三路自湘北向南進攻，突破新牆抗戰名河，洞庭沼澤水網，直指汨羅，逼近長沙。國軍則在長沙、湘潭、湘鄉、瀏陽、醴陵、株州和淥口地區，佈署了約四十餘萬兵力，準備與日軍進行決戰。五月初該地區的高工等十餘所學校停課，集體逃亡去衡陽後方避難。不幸長沙，湘潭及湘鄉被日軍佔領，瀏陽與醴陵亦告淪陷，株州及淥口相繼失守，日軍大舉南下，直迫衡陽！

圖 2-1：衡陽乃成為全國抗日戰爭的一個新的熱點。

　　長沙失守後，中國的戰略構想是：（一）死守衡陽，阻止敵人繼續深入。（二）夾擊已深入之敵，將敵人消滅在湘江東西兩岸。我們這批從湘北來到衡陽地區的流亡學生，出現在「死守衡陽」的第十軍陣地上，愛國的熱血沸騰，大有與衡陽共存亡的決心。為避免無謂犧牲，當局佈署衡陽保衛戰時，原擬將流亡學生，撤退到廣西桂林集訓，後因衡陽以南的湘江上游，灘高水急，舟船逆行難上，乃改以火車運送流亡學生到湖南與廣東交界的砰石，編成學生教導總隊，在砰石的中山大學臨時校舍內，上午講習文史，哲學，戰略與戰術；下午則訓練補給，通訊，救傷及宣傳等後勤作業，準備支援前線，打擊敵人的侵犯。真是讀書不忘抗日，抗日不忘讀書！
（註：衡陽保衛戰前後，國軍曾集訓流亡學生，在廣東砰石，成立學生教導總隊，支援抗日；並曾在後方地區，組成青年軍，掀起「一寸山河一寸血，十萬青年十萬軍」的抗日最高熱潮。）

　　日軍以其優勢的武器裝備，將衡陽重重包圍，對守軍進行了三次大攻擊。我軍死守四十七天後，彈盡援絕，這場慘烈悲壯的衡陽保衛戰，終告失敗。衡陽陷入敵手後，日軍乘戰勝之餘威，南下砰石，進駐曲江，將學生教導總隊全部衝散。我們這批忠貞的流亡學生，以後便參加了湖南與廣東地區的游擊隊伍。

　　1945 年，美國投原子彈，轟炸日本，抗戰勝利，日本投降。我也就結束了抗日流亡的學生生活。勝利復員，隨高工遷回長沙；畢業後我考取了兵工學校，去上海報到入學。

　　抗日戰爭期間，家鄉湖南省隸屬第九戰區，張治中及薛岳兩將軍曾先後擔任第九戰區司令長官。

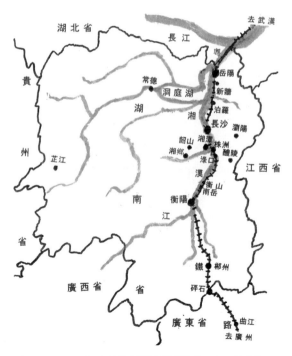

圖 2-2：湖南省抗日陣地示意圖（1938-1945）

3

三、上海入學兵工

接到兵工學校的錄取通知以後，我便奔赴上海吳淞，報到入學。

兵工學校建校於 1917 年，後來以「兵專」知名於世。設有造兵及火藥兩科，後改為造兵及應用化學兩個工程學系。前者專習槍砲彈榴之設計與製造，後者則為應用化學之簡稱，專習火炸藥之製造及應用。對日抗戰期間，此專校遷往四川重慶，普稱「兵大」。抗戰勝利後復原，暫時遷駐上海吳淞，增設戰車工程系，改名為「兵工學校兵工工程學院」。兵工學校教育宗旨明確，內容獨特而專精。在解放前培養之精英，對中國國防事業的發展，有重大的貢獻。誠如中國飛彈之父錢學森博士所言：沒有清華、浙大與兵工，中國就沒有原子彈及氫彈；沒有交大、同濟與兵工，中國就沒有人造衛星。中國核武航天的功勳，除清華、浙大、交大與同濟之外，兵工被點名兩次。兵工學校對中國國防科技之貢獻，將永留青史！

溯自 1887 年，張之洞在湖北漢陽建立兵工廠之後，北洋政府段祺瑞執政，採用兵工督辦薩鎮冰之建議，於 1917 年在漢陽兵工廠內設立兵工學校，開班培植兵器製造人才，進入全國各大兵工廠，擔任兵器製造技術幹部。抗日戰爭期間，全國共有二十三個兵工廠，生產武器，功不可沒。兵工學校與兵工廠，緊密相連，對外保密，故與學術界赫赫有名的清華、交大、浙大與同濟相提並論時，卻顯得默默無聞。

1948 年，兵工學校在上海、南京、北平、武漢，重慶及廣州等六個考區共錄取了三百零七位高中畢業學生。為培養國防科技人

才。校長簡立將軍邀請了當時剛從法國學成歸國的原子物理學家錢三強博士，蒞校主講原子能的軍事用途。錢博士告訴我們，原子彈彈壁直接影響原子彈的爆炸威力。因根據量子力學之研究，設原子彈彈體直徑為 100 公分，起爆中子射入一鈾核後，在極短之時間內，即可完成 80 代之連鎖反應。連鎖反應至 80 代時，原子彈之爆炸威力約等於 2 萬噸 TNT 之爆炸能量。然而若彈壁之強度只能維持連鎖反應至 79 代便爆裂，威力則將減少一半，若 77 代便爆裂，則威力僅餘八分之一了。又自彈壁之輻射及傳導散熱方面言之，散熱太快，固會失其爆炸威力；散熱太慢，又會使連鎖反應不到 80 代，彈壁便炸開，也影響爆炸威力，因此原子彈彈壁的強度為設計原子武器之重要課題。錢博士勉勵兵器製造系學生，悉心研究。遵照這一啟示，四年後我提出了題為「原子彈彈壁問題之研究」畢業論文，是為中國第一篇有關原子武器設計之提案。這篇論文係由兵工工程學院院長蔡篤恭博士指導，兵工研究院院長鄺坤厚博士審核。海峽兩岸關係因政治因素隔絕廿餘年，我未能將此一研究成果，及時向錢博士報告。直至 1972 年美國西北大學天文物理教授黃授書博士回中國講學時，我才託請黃教授將此事報告錢三強博士。

　　錢三強博士在法國巴黎大學，師事原子物理學家居里夫婦（M. Curlie and P. Curlie），凡十一年。完成鈾核三分裂與四分裂之研究工作後，於 1948 年攜夫人何澤慧女士及幼女祖玄返國。甫抵上海，即受到兵工學校簡立校長之歡迎。在熱烈的歡迎會上，錢博士發表了回國後第一次學術講演。題目是：我們能造原子彈嗎？他的結論是：「鈾原子連鎖反應的爆炸理論，已經不是什麼科學祕密，這個理論，大家都知道了。現在只要我們根據化學原理，提煉鈾核，再根據兵器設計之原理，裝置引爆機構，原子彈便可造成了！」最後他還語重心長的說：「提煉鈾核，是應化系同學的職責，設計引爆

機構，則是造兵系同學的專業，因此中國要想造原子彈，就靠你們
兵工學校！」。旋以錢母徐婠貞太夫人在北平病重，為侍奉分離十
一年的老母，錢博士乃離兵工北上，任教清華大學。

　　國共和談破裂，內戰爆發。北平和平解放前夕，南京方面，曾
派飛機去接一批北平文化界知名人士如胡適之、梅貽琦、錢三
強……等南下，兵工學校簡立校長並已安排錢三強博士夫婦，隨同
兵工遷校臺灣。唯錢博士以母親病重在床，不能離開，致未登機，
而留在北平，迎接解放。

圖 3-1：原子物理學家錢三強博士（1913-1992）。

　　後來我們也聽到這樣的說法：1948 年秋，錢博士在北平鑒於
經費短缺和科學技術力量薄弱，他曾先後拜訪了清華大學梅貽琦校
長、北京大學胡適之校長，及北平研究院李書華副院長，希望適當
的集中一下國內分散的原子能科學研究的力量，並在財力方面，能
給予某些程度的支持，開展他為國家製造原子彈的抱負。然而在當
時的情勢之下，加以門戶之見，他們共同的回答是：「開開學術討
論會是可以的，其他就恐怕難以辦得到。」幾經碰壁，希望成為泡
影。錢博士失望之餘，對當時學術界的領導人物，失去了信心。以
後梅貽琦博士、胡適之博士等，到了臺灣。與吳大猷博士、戴運軌

博士等，大力鼓吹原子學術理論之高奧，崇拜諾貝爾物理獎的尊貴與榮耀，竟視兵工為工匠小技，不能登入臺灣原子科學之殿堂。

兵工學校教授和學生，於 1949 年 1 月 15 日，登上了停靠在黃浦江碼頭的一艘老舊的貨船太平輪，悄悄地駛出吳淞口，直航臺灣基隆，出長江口時，已近黃昏。

船出長江口，進入太平洋。水深，浪高，風急。身在大洋中的太平輪上，心裡有很不太平的感覺。船搖得很厲害，同學們都已進入艙內。甲板上最後只有蔡先實同學、葉琨同學和我三人，大家遠望西邊上海的天空，夕陽殷紅如血。今日辭別大陸河山，不知何日才能回返故土。心情沉重，愴然落淚。

當年在太平輪的甲板上，蔡先實同學曾忽然問道：「戰爭破壞，慘絕人寰，我們為什麼還要去學習，做製造戰爭的兵器工程師？」葉琨同學答道：「以戰止戰！」我很感嘆的說道：「以戰止戰，血債相報，戰爭何時了！？」

在輪船的甲板上，寒風刺骨。蔡葉兩同學和我，乃從甲板艙口，進入艙內。進入內艙後，即聞甚多同學，因暈船而發出嘔吐呻吟之聲，到處一團髒亂。瞬時後，我們也不得不共同進入了這個惡劣的夢鄉。

進入基隆港時，港中寂靜。惟聞遠處有爆竹響聲，原來此日正是農曆大年除夕。此時我們對過年之事，似已毫無心情，隨即由校方人員率領，自基隆行軍到花蓮校區。

太平輪卸完裝載後，又返航上海，進行下一次輸運。就在這下次來臺途中，發生海難；數以千計的乘客及大批上海中央銀行的金條，隨船沉入臺灣海峽的海底。六十年後的今日，在臺灣基隆港口的東岸，還有一塊「太平輪罹難紀念碑」，淒然地豎立在防波堤上。

　　1948 年，兵工學校招考工程學院第十四期新生，全國分上海、南京、北平、重慶、武漢及廣卅等六大考區同時舉行。錄取學生307 名榜單。

圖 3-2：兵工學校招考工程學院第十四期新生公告剪報。

附註：

1948年，我在上海吳淞入學，時值抗日戰爭結束，國共內戰方酣，民生困苦之際。吳淞地處黃埔江入長江之口，古來即為海防重鎮。兵工吳淞校舍，原為日軍駐地的第四兵舍。在日軍侵華初期之淞滬戰役中，這一帶曾是主要戰場之一。校區附近，還遺留有昔日戰壕，深入壕溝區，建有一崗樓，壁上仍可見斑斑血跡。

大陸解放戰爭期間，上海混亂。兵工學校奉命疏遷臺灣，在花蓮成立兵工工程學院；解放後，滯留大陸的兵工畢業校友，在哈爾濱成立軍事工程學院。兩個工程學院，一脈相傳，共為國家培育國防科技人才。

四、困學臺灣花蓮

　　花蓮山明水秀，氣候宜人。就地理環境而言，應是一個適於建校的地方。主要校區，在美崙山之側，美崙溪之旁，也是日本人留下的一片兵營區。但就人文環境考量，花蓮並不是一個理想的建校之地。當時兵工學校，是當地的惟一大專學府，獨處海隅，與外地教育及學術界交流不易，師資缺乏，是當時最現實的問題。那時的教授，大部份是從臺北臺灣大學和臺南成功大學乘飛機來的；每飛來一次，就密集連上數天功課，其他課業暫停。然後再飛返原地，隔段時日，再飛回來。我們戲稱之為「飛機教授」。

　　一般而言，課業雖受到生活條件的貧乏，教學設備的不足，以及軍事管理的影響，但同學們求知心切，學習認真，莫不盡力求好。教授們也多能熱心教學，不辭勞苦，不計待遇。如教國文的任卓宣（艾青）、教英文的李慕白、教德文的何得萱、教數學的鄧靜華、教金屬材料的陸志鴻、教彈性力學的唐江清、教冶金學的鄭逸群、教機械設計的陶聲洋、教熱力學的鍾皎光、教無機化學的沈熊慶、教流體力學的楊寶林、教火箭工程及火藥學的查雲彪、教有機化學的張儀尊、教普通物理的王中權、教普通化學的賈伊箴、教電機工程的丁成章、教熱工學的馬承九、教兵器設計的唐宏慶及教彈道學的羅雨人，都是當代學術界的名流教授，極一時之選。

　　同學們受教於名師之下，得能認同學校的教育，肯定自己的程度，並提高求知的慾望。在校五年的歲月裡，無間寒暑，弦歌不絕。

學習情緒高昂，蔚成風氣。晚上自修，經常至深夜不息，奠定了堅實的數理基礎。

　　大陸解放後，蔣中正先生在臺灣恢復總統職位，生聚教訓。勵精圖治。他曾東來花蓮，校閱兵工學校。學校奉行指示，對學生實施嚴格的軍事管理，即是週末或假日，未經請假，亦不得擅自走出校門一步。因此我們同學苦學的修煉功力，已遠超越苦僧們修道的最高境界。學校為舒解同學們生理及心理上的長期壓力，曾請體育教練張震海教授積極倡導體育活動。當時二二八事件記憶猶新，為了聯絡及修好省籍感情，張教練乃聘請了山地青年楊傳廣出任助理。每日下午下課後，各班系同學集合在花崗山的體育場上，參加運動比賽活動。高山青年楊傳廣，因此也鍊出了他十項全能的身手，以後在世界奧林匹克運動會上，奪得十項全能獎牌。

　　在花崗山的大操場上，面對浩翰的太平洋，遙望藍天，碧海，白雲，及飛鷗，神怡心曠；山下驚濤拍岸，捲起千萬堆如花白雪。雄偉壯麗，置身其中，真不知蒼茫大地，誰主沉浮？操場上建有一校閱臺，兩旁懸掛對聯一副：「水盡三千界，心雄百萬軍」。係簡立校長親撰。前句有佛家意境，簡校長晚年，確曾皈依佛學。

　　在軍營中讀書五年，與社會隔絕，過的確是禁閉式的生活。在校園裡，只見到一位年輕的女士，她就是杜致禮小姐。杜小姐乃國軍將領杜聿明將軍的女兒，在徐蚌會戰前，杜將軍曾拜托簡立校長，讓她隨兵工學校來臺。下午同學們打球時，她常來操場鼓掌助陣。有一段時期，簡校長曾指派同班同學張日增（照片中第二排右一），擔任她的家庭教師，輔導她的課業。後來杜致禮小姐赴美，與諾貝爾物理獎得主楊振寧博士結婚。

　　當時我們的臺柱教授是羅雨人博士。羅博士出身德國柏林大學，專攻彈道學。他講述世界二次大戰末期，德國曾以火箭發射

V2 飛彈，飛越英倫海峽，襲擊英倫三島的故事。蔡先實，趙光來和葉琨三位同學與我，對此非常感到興趣。我們曾以不同的物理模式，寫出了火箭發射洲際飛彈的彈道方程式，然後用數學方法求解。在洲際軌道飛彈專家羅雨人博士的指導下，我們又建立了太空彈道的原理，並擬訂了星球大戰的構想。意圖佈署太空軌道飛彈之網站，把地球上的敵國強鄰，一網打盡。憶當年同學年少，風華正茂，書生意氣，真是揮斥方遒！以後，人類首次登陸月球的軌道，就是我從當年的研究結果中推演出來的！（註：1960 年代蔡先實和葉琨兩同學留學美國，均獲得理科博士學位，趙光來同學留德，獲得工科博士學位）。因此 1950 年代初期，兵工工程學院對火箭及彈道方面的教學與研究，奠定了 1969 年美國以火箭發射載人衛星，登月成功的理論基礎。

如果沒有柏林大學，麻省理工學院，加州理工學院及兵工工程學院，人類首次登陸月球，可能不會如期順利成功。

談到洲際彈道的計算，羅博士告訴我們，地球的自轉與傾斜角是兩個重要的參數。他並說臺灣臺東附近，有一北回歸線北緯 23.5 度的塔標。塔標陰影的移動，有助於參數的了解。同學們大感驚奇，由魏民同學領隊，從花蓮乘火車南下臺東，去玉里，在這座塔標前攝影留念。五十年後，這幀照片，啟發了我對古氣候與古地質的研究靈感。我曾用衛星數據解釋了科學之謎之一：冰河之謎。（註：魏民同學後曾留學美國，獲得博士學位）

花蓮地殼處於太平洋地震帶邊緣，地震頻繁，通常震度不大，很少超過三級。我們習以為常，睡覺時床搖不醒，上課時亦若無其事。不料 1951 年 10 月 22 日，花蓮發生了 7.3 級大地震，對當地造成了大災害。震源就在兵工學校的下面。大震之後，餘震連續達半月之久。每次強烈的餘震發生時，先聽到沉悶的隆隆地鳴聲，三

　　四秒後，地面開始搖動。花蓮全城的居民，都驚慌的群集在米崙山上。因為恐怕地殼沉淪，海中可能有排山倒海的巨浪湧來，發生海嘯。這次花蓮大地震的全部過程，啟示了我以後利用衛星資訊，全力研究地震及海嘯。

　　因此，臺灣花蓮乃為發展太空彈道的聖地；也是孕育現代地球及太空科學的搖籃。

　　在花蓮時期的兵工學院，學制上仿照英美一般大學理工學院的制度，分設造兵，化學及戰車三個工程學系；但在學生生活的管理方面，則採用德日式的軍事教育。學生在學五年：半年入伍訓練後，前二年學習大學理工科系的基礎課程。後二年專業進修，學習兵器及火藥之製造及設計原理。最後半年則為工廠實習，訓練成為既能動腦又能動手的「戰爭」工程師。學生以上等兵身份入學，穿兵服，吃兵糧，上兵操，畢業後擔任兵工廠工程師。兵工學校的校名，確實是名符其實！

　　兩年的大學理工科系的普通課程，奠定了學生堅實的數理基礎。譬如一系列的數學課程，從微積分，微分方程，近世代數，微分幾何，工程數學到高等數學，涵蓋一般工學院博士學位的必修數學課目。許多物理及工程課目的考試問題，在考試時，學生們常能以不同的數學方法，求出問題的同一解答。

　　兩年的專科教育，更是獨特而專精。當年在全美國的大專院校中，找不到任何有關火箭及彈道之課目。但兵工學院則將火箭學及彈道學列為重點的專業課程。美俄太空競賽開始，美國求才若渴，不能不禮聘一位當年出身中國兵工工程學院的火箭專家兼彈道學者。此一特殊的時代背景，使我應運中選，以後我也能把握此一史無前例的機會，幫助美國，用火箭發射載人衛星，循軌道登陸月球後，而又能循軌道安返地面。

工廠實習課，要從翻沙，打鐵，銼方塊等基層技術做起，進而學習各種手工具和工作母機的使用。機具之使用與加工方法有關，而加工方法又與機械設計有關，學工的人瞭解這些基本工具，對火箭之設計與製造，是必要的。各系的部份主課，均有試驗或實習配合。除學校設有實習工廠外，每年暑假，三系學生都要到外地的兵工廠，戰車廠，火藥廠去實習或見習。當年我們曾學習雛形火箭之製造。這種訓練，很是重要，因為我們要從設計，繪圖，翻沙，鑄造，鉗磨而至精密加工等一系列的實習程序中，才能了解火箭飛行穩定及安全事故的徵結所在。

語文為三系共同必修課，除國文，英文外，還要學德文。那時很多教授及學長屬留德派。許多專門課目教材，均用德文。當年教育長何得萱博士的德籍夫人，即係我們的德國語文助理教授。以後我在美國太空總署，能與德籍戰俘火箭專家，用德語交談，是因為我在兵工學校求學期間，曾受相當嚴格的德國語文訓練。

化學教授賈伊箴的夫人謝冰瑩女士，乃當代文學界著名女作家，是暢銷書「女兵自傳」的作者。她以女兒之身，在抗日戰爭期間，經歷軍中生活的磨練，使同學們深為感動，而堅定了我們這批鐵血男兒，從軍報國之志向。

兵工學校是軍事學校，有一次，校長親自在操場指揮全體學生出操，一個簡單的隊形變化，反來覆去，演練多次，學生已感到非常疲累、煩厭與無聊。最後還要集合學生在司令臺前聽訓。校長乃朗誦孟子名言，鼓勵學生說：「……天將降大任於斯人也，必先苦其心智，勞其筋骨，餓其體膚，空乏其身……」學生聽後，怔然無語。

花蓮校舍為日造木材營房，1951 年底地震後，學校方以學生安全為由，爭取到臺北的校舍。隨即遷駐臺北新生南路新校舍，與

臺灣大學咫尺為鄰。在臺北時我完成畢業論文「原子彈彈壁問題之研究」。畢業後並無學士學位,但以後我仍能突破重重關卡,獲得出國深造之機會。

圖4-1:1953年兵工工程學院兵器製造系同班同學36人畢業留影。

困學花蓮期間,全班同學在彈道博士羅雨人教授指導下,研習洲際飛彈彈道,進而伸展為太空彈道,首創星際大戰構想中的太空彈道力學原理。四年後,1957年蘇俄發射載人衛星,環繞地球成功;16 年後,1969年美國送人登上月球。這兩次太空軌道的選擇與釐定,都符合當年在中國兵工學校所研發的太空軌道力學的原理。此一事實,首次證明了中國人對太空科學,有「先知先覺」的智慧與才能。同學們曾在臺灣南部山上試驗火箭,試射火箭時,查雲彪教授不幸罹難。

圖4-2:造兵系系主任彈道博士羅雨人教授。

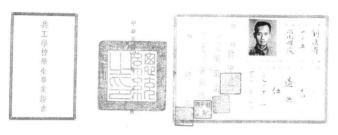

圖4-3：兵工學校學生畢業證書。

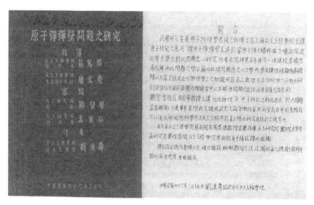

圖4-4：畢業論文：原子彈彈壁問題之研究。

　　在兵工學校兵工工程學院入伍讀書凡五年，畢業時並未授予學士學位。但是在畢業證書上，蓋有中華民國總統之印。

　　兵工學校規定，兵工工程學院學生必須呈繳論文一篇，才能畢業。我的畢業論文題目是：原子彈彈壁問題之研究。此乃1948年在上海時原子物理學家錢三強博士所指定。這篇論文可能是中國最早期研發原子武器提案之一。

　　兵工學校畢業後，我被分發到臺灣高雄兵工廠。離校前，簡校長對我慰勉有嘉，曾將「原子能的軍事用途」及「原子能的和平用途」兩書相贈，極力鼓勵我出國進修。簡校長湖南長沙人，金陵大

學讀書時，投身黃埔軍校。有志氣，有理想，有擔當，以發展國防事業為職志。後積功晉升陸軍中將參謀長，兵工學校校長一職，乃由該校少將教育長何得萱博士接任。何校長湖南寧鄉人，兵工學校第一期畢業。曾入德國柏林工業大學深造，獲工程博士學位後，返國服務。我以後能去美國求學，是由於這兩位老校長曾以身家擔保，才獲成行。

圖 4-5：前任校長簡立將軍。　　圖 4-6：繼任校長何得萱博士。

　　兵工學校的獨特而專精的教育，主導了我的前途，也改變了我的命運。花蓮地處海隅，軍糧補給，很不容易，同學們的日常生活，極為艱苦。經歷了困學花蓮的風雨之後，我更感念當年在極為艱苦的求學環境中，師生們相知相處，同甘同苦之可貴。師恩難忘，學誼永存。

　　兵工程學院十三，十四及十五期學生在花蓮求學期間，生活極為艱苦。當年權力龐大之臺灣美軍顧問團，曾以美援裝備及增加學生待遇為條件，要求終止兵工工程教育，採用美國兵工學校訓練兵工後勤補結軍官之學制。但為簡立校長斷然拒絕。兵工工程學院學生對簡老校長，此一不移不淫不屈之辦學精神，感念殊深。

五、兵工廠的歷練

　　兵工學校畢業後，我奉派進入高雄 60 兵工廠，任命為陸軍中尉兵工技術員。四年後，晉升為陸軍上尉兵工工程師。擔任彈道試驗工作。當時的高雄 60 兵工廠，原係由大陸遷臺之南京金陵兵工廠，湖南株洲兵工廠，河南鞏縣兵工廠及四川重慶兵工署材料試驗處四個廠處，合併組織而成。員工三千餘人，為臺灣的最大的兵工廠。廠中管理及科技人員，全屬軍職。技術工人則全部來自民間，不受軍事管制。工人按技術及年資分為三等，一等工人之薪給，約為中尉技術員薪俸之五倍。可見當年在臺軍人生活之清苦。高雄兵工廠第一任廠長為兵工學校第二期畢業校友孫學斌將軍。抗戰勝利後，孫將軍奉派接受金陵兵工廠，日本人奉送鑽石三枚，孫將軍峻拒不成，乃交兵工史績館保存，成為兵工科技人員，操守清廉的典範。

　　臺灣光復後，臺灣沿海日本人留下的海岸炮基地與設備，尚屬良好。但缺少炮彈。因此 60 兵工廠當年重要任務之一，就是製造海岸炮的炮彈，鞏固臺灣海防；另一重要任務，則是製造步槍子彈，供應部隊，訓練士兵。進入 60 兵工廠後，我的第一份工作，便是負責砲彈彈道試驗。我的試驗結果，發現最嚴重的彈道問題就是精度不良。也就是說：海岸炮發射炮彈後，炮彈不能中靶（炮彈不能擊中目標）。因此已製成的千餘顆炮彈，應予全部報廢或銷毀，炮彈廠全體員工，也停工待命。

　　依照火炮膛內彈道學及膛外彈道學中之基本原理，我曾建議更改炮彈製造之加工方法及程序。廠方依照我的建議，生產了一批新

型炮彈，以供試驗。試驗工作，在臺灣高雄縣大樹鄉炮彈試射場進行。「船靶」則設立在高雄港口之外海。試射結果，百發百中，由驗收官黃玉珩上校（留學比利時列日大學），簽字作證。學能致用，自此我開始對自己的工作有信心，並有成就感。

1954 年，美國為節省外援武器彈藥之製造及運輸成本，將費城兵工廠（Philadelphia Asenal）製造子彈之機器及設備，遷至臺灣高雄，擴充 60 兵工廠之子彈廠，加班並大量製造子彈，及時供應亞洲美援國家，訓練士兵之需要。美援訂貨，員工生活得以改善，皆大歡喜。但因陳舊的傳統加工方法及製作程序與美國新的製造規格，有所不同，致使大批製成之子彈，百病叢生。如銅殼破裂，彈頭鬆動，底火冒煙，膛壓過高，初速太低及精度不良等，都是子彈不合規格的嚴重項目。產品不合格，美國顧問拒絕驗收，美援停止，60 兵工廠的子彈廠，乃頻臨關閉之命運。

當時，我們這一批兵工學校畢業生，派赴高雄兵工廠服務的同學，共計八人。值此緊急關頭，該廠立即調派我們同學八人，全部進入子彈廠，進行改革。責任分配於下：王振英同學負責熔銅軋片，陳廷書及朱懷璞兩同學負責銅殼製造，吳良同學負責彈頭製造，賴培烈同學負責底火製造，陸宗義同學負責火藥製造，譚伸同學負責全彈裝配，我則負責子彈彈道及射擊精度之檢驗。我們在該廠曾被譽為八大子彈金剛。在長官朱柏林，饒鴻章，金元善，錢寶元，江家晉及胡世華等前期校友的督導下，我們分工合作，共同負擔製造子彈之責任。

子彈廠改革之初期，生產工作曾遭受很大的困難與阻力。其主要原因是資深員工，不願接受批評，對年輕的八人小組，採取輕視與不合作之態度。我們深知忍辱負重，做人處世的道理，對資深員

工，執弟子之禮，尊重他們的工作經驗與意見，順利完成了子彈製造程序中各項改革之步驟。

大量製造中的作業流程與品質試驗，改革後我們做得中規中矩。軍事作風，果斷明快，全體員工也通力合作。三個月後，每月生產合格子彈約一百萬顆。美軍顧問驗收，也很順利，美援又源源不斷而來。當年高雄兵工廠的八大子彈金剛的平均年齡，僅為廿五歲。

在臺灣高雄兵工廠，我從事槍彈及炮彈的彈道試驗工作凡七年，這一經歷使我以後在美國設計及釐定人造衛星登月的軌道，獲得成功。

廠中宿舍簡陋，人滿為患。我們八人被分派住在單身宿舍的一間寢室內。一室之內，八張床舖，幾無轉身之地。因此每天晚上，我們仍回到廠房，坐在自己的辦公桌前，溫習功課，並利用自己裝配的小收音機，收聽美國之音的英語廣播，學習英文。因為軍方有規定，我們在兵工廠服務五年以後，如考績優良，可於申請獲准後，去國外進修。於是，我們朝著這個方向，一步一步的規劃自己的未來。

為了學好英文，每星期天我都收聽美國之音轉播的聖經佈道會的講演。當年青年佈道家葛來翰（B. Graham）的英語發音，一字一句，非常清晰，演說也生動有力。每場講演以後，詢問聽者的心得。我每星期都寫聽道心得報告一份，托請高雄美國新聞處，轉寄美國明尼蘇達（Minnesoda）州（Minneapolis）城他的佈道總部。我曾是葛來翰佈道家的忠實聽眾，但不是他的忠實信徒。因為我聽道是為了學好英文，學好英文是為了想去美國求學。

　　1956 年 1 月，葛來翰博士曾寄了一封信給我，信中說明他將於是年 2 月，前來臺灣佈道，屆時希望能與我見面一敘。我知道這是幾年以來，我不斷的寫聽道心得報告的結果。

　　當年長期聽道，增進了我的英文能力，乃能順利通過美國大使館，留學簽證的英文托福考試。如今葛博士乃世界最成功的宗教佈道家之一，名滿天下。重聽他的佈道，使我領悟到，太空科學家工作的極終目的，一如宗教佈道家一樣，也是為增進人類幸福，謀求世界和平。

六、赴美

1959 年我在兵工廠工作五年期滿，決定出國讀書。為申請學校事，曾晉見兵工學校何得萱校長，並請求他出具推荐信。

他調閱我的成績單後，允為我出具推荐書，向美國有名大學申請獎學金。他簽發了六封推薦信，連同成績單，畢業論文及高雄兵工廠的工作證明，直寄美國史坦佛（Stanford）、康乃爾（Cornell）、霍甫金斯（JohnsHopkins）、麻省理工（MIT）、哥倫比亞（Columbia）及普林斯頓（Princeton）等六所學校。這六所大學的研究生院，都批准了我的入學申請，並授予全額獎學金，直攻博士學位。

正在選擇學校及辦理出國手續時，國防部突然頒發命令，現職軍人，一律不准出國進修。出國的希望，頓時成為泡影。因此對六所大學提供的獎學金，遲遲不敢回信接受，不知如何是好。而其中康乃爾（Cornell）大學電波物理及太空研究中心主任哥德（T. Gold）博士，因久未接到我的回答，乃致函推薦人何校長，請轉告我速辦赴美入學手續，因為哥德博士對我的「資質」具有信心，並對我的畢業論文（原子彈彈壁問題之研究」深感興趣。何校長接信後，立即走訪簡立將軍商議。他們認為此乃提升兵工學校聲望的大好機會。於是召軍中青年戰士報記者，發佈一位軍事學校畢業生，同時獲得美國六所頂尖大學提供獎學金，准予攻讀博士學位的消息。一時軍心大振，蔣總統見報後，也極為欣喜，傳諭召見嘉勉。

1959 年 3 月 7 日上午 10 時 0 分，我在臺北總統府晉見蔣總統。是日他身著戎裝，雖年事已高，當年那種堅苦卓絕的抗日精神猶

在。他垂詢我的人生志向與求學計劃後，連聲稱好。他問話是浙江土語，我答話有湖南口音。

　　他忽然問道：「你的英文好不好？」

　　我答：「我通過了留美英文考試，語言應該不會有問題。」

　　他告誡我說：「在美國讀書，英文很重要，你要特別注意！」

　　我說：「我會努力學習。」

　　最後他對我說：「你去美國，要努力讀書。學成以後，不論是回臺灣，或回大陸，對國家都是有用的。」

圖 6-1：會面翌日，臺灣報紙發佈新聞：蔣總統特准劉漢壽上尉赴美進修。

　　事後，國防會議祕書長顧祝同上將召見談話，他問我蔣總統對我說了些什麼。我告訴了他，總統囑我去美國以後，要努力讀書。學成後回臺灣或回大陸，報效國家。他又問我，我向蔣總統說了些什麼。我說我曾向總統報告，現在原子時代形將結束，太空時代業已到臨。我國的發展核武及太空科技，用於國防的計劃，應雙管齊下了。

　　我的留學美國，雖經蔣總統特准，辦理出國手續時，護照之簽發，仍是困難重重。其原因說是情報及治安單位不肯簽字。因為有人密告，說我企圖繞道美國，投奔大陸，幫助錢三強博士為中國造原子彈。簡前校長也已承認，在上海時他曾邀請錢氏講學，而且錢三強博士與我確曾有段短暫的師生之誼。但他以保舉及培育國家人才為重，願與何校長一同以身家姓命保證我不回大陸。簡何兩校長並說服了國防會議祕書長顧祝同上將，共同作保。這才澄清了情治單位的疑慮，同意辦理簽發護照。

　　我的人生，注定了要承受一波又一波的磨折；這一波未平，另一波又起了！

　　1950 年至 1960 年間，臺灣中華民國的科學界處在鼎盛的原子能時代。科學及教育當局由梅貽琦，吳大猷兩位學術先進，倡導原子能理論之研究，獲得著名華裔美籍科學家們的支持；而兵工界對國防科技的發展構想，則由簡立、何得萱兩位將軍領軍，他們的意見，卻備受科學及教育界的非議。所以兩派經常有不愉快的過節。

　　在美國獲得獎學金，本來是件平凡之事，不值得炫耀。此次我的原子彈彈壁論文，被當時臺灣學術界權威人士認為，軍方乃是在招搖撞騙。並指責我是在自我吹噓，騙取蔣總統的信任，更有「欺君」之罪。於是發動輿論力量，指控軍方報導，偏誤不實，要求國

防部以後發佈科學新聞，應知會有關科學機構認可。此事亦為四年以後，要將我遣解歸國法辦，留下了伏筆。

　　為此事國防部曾召開軍事會報，何得萱校長在會報中申辯：「在臺灣談論原子科學的人，都是吹牛皮；所有的人都是在吹假牛皮，只有劉上尉才是在吹真牛皮。現在吹假牛皮的人惱羞成怒，倒說吹真牛皮的劉上尉是在『欺君』。請大家看清楚，到底是誰在『欺君』？」何校長擁有博士學位與少將軍階，他的這篇申辯，鎮懾了出席會報的所謂原子科學權威人士。

　　在總統特准之下，當時臺灣的科學權威人士，也阻止不了我出國讀書。我終於完成了軍方出國進修的手續，候機赴美。

　　離開臺灣的前一天，我曾向恩師簡立老校長辭行。他對我慰勉有加的說：「你這次等於是施展了『通天』的本領，才能出國進修。我們的兵工學校，造就了很多對國家有用的人才，但是在政府的高層，沒有人替我們說話。譬如你們受了五年大學教育，連一個學士學位也不給你們。我們如果要想光大兵工學校，必須尋找『通天』辦法。現在政府抽調士兵做工，修橋造路，開荒建屋，稱之為兵工建設。這個兵工並非我們的核子武器與飛天導彈的那個兵工呀！混淆不清，難怪社會人士，一聽到兵工學生造原子彈的報導，就認為是招搖撞騙了。我想呈請政府，更改兵工學校的校名，校以人名，改名為『蔣中正理工學院』。」

　　這就是以後中正理工學院命名的由來。

　　1960 年 9 月 2 日，我從臺北飛美，登機前何校長得萱，親自駕車趕到機場送行，因為他有重要話對我說。他說：「原子物理學者戴運軌教授又指控酈坤厚署長有『欺君』之罪，因為他在兵工研究院院長任內，曾是你的論文的審核者。這次你去美國，一定要獲

得博士學位以後，才可回來。你只被核准在美進修一年，一年太短，不可能得到學位；你要設法延長留美期限，創造奇蹟。好自為之，再見！」

這是恩師何得萱公的最後叮嚀，以後我們就天人永隔了。

登上飛機，離開居住了十年的第二故鄉臺灣。阿里山、日月潭，還有花蓮港，都在眼底移動。前途茫茫，心情極為沉重。當時我盡力忘卻過去與現實，鼓起向前奮鬥的勇氣。在飛機上，哼出一首小詩，以平撫心潮的澎湃。

我展開一雙翅膀，
背負著一個希望。
飛過茫茫的大海，
去到那我響往的地方。
在那裡，我要呼吸異國泥土的芬芳。
因為：為了吐絲蠶兒要吃桑葉，為了播種花兒要開放。

附註：
通天就是通達天子（最高領導人）之意。
1967 年兵工工程學院，海軍機械學校，及陸軍測量學校，合併完成，命名為中正理工學院。簡立將軍出任首任院長。但簡何兩將軍的此一通天高招，卻引來臺灣科學權威人士的明爭與暗鬥。簡立將軍終遭撤除院長職務之處分。臺灣當年兩顆軍事科學將星（簡立將軍及何得萱將軍），從此殞落！2006 年臺灣當局又將中正理工學院改名為國防大學理工學院。

七、在康乃爾大學的歲月

　　1960 年 9 月 2 日，我離開臺灣，飛抵美國紐約州綺色佳城（Ithaca）的康乃爾（Cornell）大學。到達校園內的學生聯誼中心時，已是晚上七時許。正徬徨中，一位長者前來問我：「我可以幫助你嗎？」他立即電話外國學生處，派人前來照顧。在等待時，他問我知不知道一位名叫胡適的中國人，他做過北京大學校長，他們是在康乃爾大學學農的同班同學。

　　第二天在校門前遇見了一位風度翩翩的中國學生，手拿網球拍，一見如故。他告訴我他姓沈，是來康乃爾看朋友的。看朋友，當然是看女朋友；姓沈，他原來就是臺灣四大公子之一的沈君山，回臺灣後他曾擔任過清華大學校長。當時他即介紹我認識了數理姊妹才女施家輝（數學）與施家昭（物理）及郭子克（物理）與姚元徵（工程）兩位學長。當年在康乃爾大學求學的中國同學約有六十餘位，大都來自臺灣及香港。後來活躍於臺灣政壇的李登輝博士及高英茂博士等，都是 1960 年代初期的康乃爾大學的研究生。

　　第一次上空氣動力學課時，我認識了航空系的范大年同學及新科航空博士談鎬生先生。第一個週末，談博士請范大年同學和我一同在綺色佳飯店吃晚飯。當時他告訴我們，他已決定回中國大陸，參加錢學森博士所主持的中國科學院力學研究所，協助郭永懷博士從事激波加熱之研究。他並告訴我們，郭永懷博士在康乃爾大學航空系任教七年後，於 1956 年 11 月返回中國，這是繼 1955 年 6 月錢學森博士返國後的留美學人返國熱中的另一件大事。（註：郭永

懷博士於 1968 年因公殉職；1999 年被評選為中國兩彈一星功勛人物之一）。

當年擔任康乃爾航空系系主任的席而斯（S. Sears）教授，與錢郭兩博士在加州理工學院（CIT）時，同是航空工程泰斗馮卡門教授的學生。每逢聖誕節，他們都有聖誕卡片來往。1961 年春上氣體動力學課時，席而斯教授講完錢氏曲線及郭氏攝動法後，若有所失的對學生們說：「去年我沒有接到錢郭兩教授的聖誕卡，希望他們在中國沒有出事。」

我決定入學康乃爾，是因為我仰慕在該校任教的兩位教授。一位是核子物理泰斗貝塔（H. Bethe）教授，另一位是天體物理大師哥德（T. Gold）教授。

貝塔教授是天才型科學家，1930 年代，寫了三部有關量子力學的論著，說明核子物理的祕密，世稱原子物理的「貝塔」聖經。他於任教劍橋（Cambridge）大學五年後，應聘康乃爾大學。二次世界大戰期間，貝塔教授為美國原子彈設計元勛之一。他曾擔任新墨西哥（New Mexico）州、洛沙阿洛摩斯（Los Alamos）原子彈工廠理論部主任。戰後他率領原子彈重要研究人員，如費曼（Feynman）博士等，回返康乃爾大學，建立康乃爾物理系為世界原子學術領導中心之一。當時我意想請求貝塔教授的接納，師事他學一學造原子彈的方法。另一位是哥德（Gold）教授，他於 1920 年在奧地利（Austria）的維也納（Vienna）出生。1940 年代他在劍橋大學與天文學家何以禾（Hoyal）及龐岱（Bondi）兩博士，共同創立宇宙均衡論，解釋宇宙的起源。1957 年蘇俄發射伴侶號衛星，進入地球軌道，啟開了太空時代的序幕。他力主美國在太空競賽中，應迎頭趕上，超越蘇俄。乃創辦康乃爾電波物理及太空中心，

　　主導新成立的美國太空總署（NASA），訂定人類登陸月球的計劃。當時他對我在彈道學方面的學力與經驗，極為重視。

　　按照當時康乃爾大學學位授予法，博士生必須商請三位教授同意，成立三人博導小組。在博導小組的指導與監督之下，完成各項博士學位之要求。並且除首席指導教授外，其他二位指導教授必須在不同的科系或不同的研究領域。也許這樣訓練出來的學生，才能稱為博士。

　　首先我請求貝塔教授擔任首席指導教授，師事他學習原子爆破之物理。他對我說：「原子科學的價值，就像一把鎖匙，它能啟開天堂之門，引導人類享受天堂式的生活；同時它也可啟開地獄之門，驅使人類遭受地獄式的苦難。現在原子彈已足能保障世界和平，我也不再做進一步的核子武器之研究，去毀滅人類的生存。」他還告訴我：「哥德教授曾是劍橋大學工程科學的畢業生，你和他的學歷背景很多地方類似，他應該會是你最理想的主任指導教授。現在是太空時代了，你正趕上了第一班車，你不必局限於原子物理的象牙塔內，你應進入天體物理的浩瀚宇宙。為了迎接太空時代，我也改變了研究方向，現在我的研究重點，是想了解了解太陽為什麼能發熱發光的核子效用。」（註：貝塔教授對太陽核子能的研究貢獻，已獲得 1967 年諾貝爾物理獎之肯定）。

　　顯然他不願意做我的主任導師，我的想學做原子彈的白日夢也從此就破滅了。他的拒絕與指點，決定了我以後的人生走向：進入太空！

　　我求見哥德教授，請他應允擔任首席導師。當即決定博士學位的學術領域：主修天體物理，副修數學及航空。數學導師是葛洛斯（Gross）教授，航空導師是托卡特（Turcott）教授。開始接受嚴格的科學訓練。

　　在康乃爾的第二年，我的中華民國護照，即已過期失效。乃檢具康乃爾大學在學證明書，遵照軍方行政系統，呈請辦理護照延期手續。獲國防部批示：「查該員檢具康乃爾大學註冊組的在學證明，自稱攻讀博士學位，殊難置信。希轉飭該員，檢具系主任以上人員之證明，報部憑辦。」此乃因一年以前，有人誤會我犯有「招搖撞騙」之前科，此次乃不能不慎重處理。我求助於系主任，系主任告訴我：「依照大學法，註冊組的在學證明，才是官式文件。如果這一文件都屬無效，那我的證明更不足相信了。」於是他領我去見校長。校長問：「你來美國讀書，是誰批准的？」我答：「蔣介石總統。」他即電話問法學院一位國際法教授，一個私立大學的校長，可不可以向外國元首行文。回答是：「可！」因此康乃爾大學校長莫拉特（Malott）博士，為了一位中國學生的護照延期，竟寫了一封信給中華民國的蔣總統。

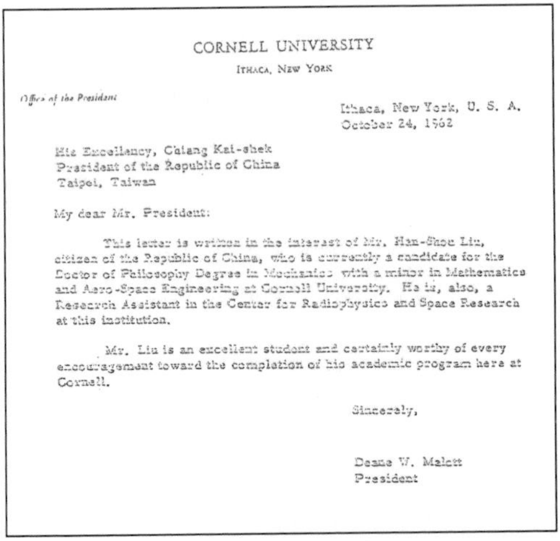

圖 7-1：1962 年 10 月 24 日，美國康乃爾大學校長莫拉特（Malott）博士上書臺灣中華民國蔣介石總統，請求准許劉漢壽在康乃爾大學完成學業。

　　這年的聖誕節，學校放假，下午四時許，我走出宿舍，到校園裡散步。陽光普照，雪深盈尺，校園內寂靜無人，是一片銀色世界。走過了文理學院的廣場，後面忽然有人在呼喚：「先生，請等一等。」原來他是按時上鐘樓，鳴鐘奏樂的半工半讀的音樂系學生，我們一同爬上康乃爾鐘樓，鳴鐘五響後，他奏了康乃爾校歌，問我要不要奏一首中國歌曲。我一邊哼，一邊唱，請他幫助我奏抗日戰爭時代的名歌義勇軍進行曲。在康乃爾大學鐘樓之上，俯看北國風光，冰封千里；五指湖內，頓失滔滔。引吭高歌，引起了我對故鄉，故國，故事與故人的懷念。

　　聖誕節過後，外國學生處處長轉告，莫拉特校長已收到中華民國國防部俞大維部長的回信，我的護照准許延期一年。同時我也接到臺灣高雄兵工廠郭履基廠長，轉達層峰的一份指令：「臺端留美延期一案，業經國防部核准延長一年。在美讀書期間，務請謹言慎行，莫再執迷不悟，一意孤行。並請遵令如期返國，不得延誤。」字裡行間，暗示著大難將臨，我意識到我會被淹沒在下一陣的驚濤駭浪之中，即令我再有「通天」之本領。

圖 7-2：康乃爾大學鐘樓。

圖 7-3：作者攝於康乃爾銅像前（1962）。

　　1963 年春季，我完成了博士論文的寫作，通過了博士考試。經由哥德教授之推荐，美國國家科學院聘我擔任太空科學組研究員，進駐華盛頓太空總署（NASA），開始做「飛天」之夢。

　　飲水思源，我對康乃爾大學有特別深厚的情感。我於三年內穫得碩士及博士學位，未曾離開校園一步。該校創始於 1865 年，校址在美國紐約州綺色佳市山谷坡上。俯瞰可覽「手指湖群」中之魁優哥湖的景色。樓閣亭臺，分佈於校園之內。更有奇花異樹，紅磚綠瓦，點綴於連峰疊嶂，濱湖群瀑之間。令人怡情悅性，智開識放，是一所人傑地靈的學府。美國「常春籐」聯盟八所名校是：佈朗（Brown）大學、哥倫比亞（Columbia）大學、康乃爾（Cornell）

大學、達特茅斯（Dartmouth）學院、哈佛（Harvard）大學、賓州
（Pennsylvania）大學、普林斯頓（Princeton）及耶魯（Yale）大學
（以英文字母先後排名）。中國詞人王秉正有詩贊曰：

　　綺城康乃爾，校譽世傳流；碧宇湖山麗，清林塔廈修。
　　低坡高崗去，大道小阡由；科技研風勝，學人散五洲。

　　這首詩很貼切的描寫了康乃爾大學的內涵與外貌。

八、初試身手：釐定衛星登月軌道

　　美國國家科學院坐落在首都華頓憲法大道上，與白宮，國會，華盛頓紀念塔，林肯紀念堂及國家博物館，櫛比為鄰。雖名稱為國家科學院，但該院並非政府衙門機構，而是一私人組織的非營利團體。為輔導政府各部會，釐定科學決策而設立。建言獻策，地位超然，不受政府任何行政系統之管制。

　　當時新成立的國家航空及太空總署（NASA），委託該院遴選科學家，成立衛星軌道研究小組，釐定人造衛星登月之軌道。這一研究小組原由六位專家組成。計有布勞耳（Brouwer）博士（耶魯大學天文臺）、克里蒙斯（Crimons）博士（海軍天文臺）、依斯扎克（Iszak）博士（哈佛大學天文物理臺）、丹比（Danbee）博士（加州大學）、繆生（Musen）博士（太空飛行中心）及阿基夫（O'keefe）博士（太空總署）等。他們都是資深科學家。後經開會討論，這一小組應注入新血，決定物色一位新科天體力學博士，組成為七人軌道小組，從事衛星軌道的釐定及計算工作。當時我是獨一無二的合適人選，於是我應邀參加，進入軌道力學實驗室，開始做「飛天」之夢。

　　軌道力學一詞，原由天體力學演繹而來。天體力學是一門經典式的古老科學。其演算之繁複，可謂集應用數學之大成。爾後電腦之迅速進展，乃因應衛星軌道計算之迫切需要。

　　1960 年代，布勞耳及克里蒙斯兩博士合著的《天體力學》一書出版，世稱之為天體力學的「聖經」。當時王安電腦公司出品問

世，我曾試用王安電腦，核算太陽系中行星及衛星的運行軌道，發現幾百個軌道參數，都可應用牛頓（Newton）定理去做決定，只有水星近日點的進動數值，則必須用愛因斯坦（Einstein）的相對論定理，才可能作出「似乎」合理的解釋。

天文學家如欲在天體力學領域有所突破，必須有新的構想，不然只是在數學方法上玩玩數學把戲，不會有特殊的物理意義。於是我的注意力，就集中在一個新的「質點」之上。以期改進計算軌道的精確度。

在六位天體力學權威學者之前，我不敢放肆。謹言慎行，除用電腦玩軌道力學的數學遊戲外，我不敢說出我的新的構想。以後繆生（Musen）博士與我變成了好朋友，好同事；我才敢說出我的思維方法。

繆生博士，俄國出生，曾入籍德國，他是柏林大學博士，專業彈道；曾師事彈道權威學者克朗茲（Cranz）博士，與中國兵工學校的羅雨人及張述祖兩博士在柏林大學有同窗之誼。二次大戰期間，德國 V2 長程飛彈彈道是他釐定的。希特勒（Hitler）失敗後，他與范布朗（VonBraun）博士等一批飛彈專家被俘，在馬歇爾（Marshall）計劃之保護下，押送美國「改造」後，宣誓效忠美國。

事實上，登月衛星的軌道，即是長程飛彈彈道之延伸。我們反復演算衛星軌道時，我的腦海裡就浮現出在臺灣花蓮兵工工程學院求學時的一幅畫面。那就是我與蔡先實，趙光來，葉琨等同學們，拉計算尺，計算洲際飛彈彈道軌跡的情景。衛星軌道的起點參數不同，其終點的精度殊異。我在臺灣兵工廠，從事砲彈彈道的精度試驗，看守靶場凡七年。我的彈道經驗，使我對瞄準登月地點，深具信心！

在這段釐定衛星登月軌道的時間裡，七人登月軌道小組的每一成員，心理上都受有很重的壓力，誠惶誠恐，非常緊張。最大的問題是：衛星軌道的終點，是否能命中預定的登月地點？

在臺灣求學時，我很大膽，揚言要造原子彈，大膽得為有些人誤會為「招搖撞騙」。類似「欺君」。那一「要造原子彈」的教訓，使我不敢再造次了；因為繆生博士的 V2 飛彈彈道，襲擊英倫，每發必中，他的造詣，畢竟遠遠在我之上，在他沒有發表他的登月彈道命中率之前，我決定默默的工作，力戒狂妄驕矜。

每逢星期二，繆生博士和我都同去華盛頓海軍天文臺的圖書館，與該臺克里蒙斯博士作學術討論。該臺圖書館收藏有世界最為完整的天體力學書籍及學報，包括天體力學諸子百家的手稿遺墨。展閱往聖先賢的歷史真跡，深感人類之智識財富，得來不易，倍覺珍貴。

繆生博士是中國通，他愛好中國歷史及詩詞。在這方面的知識，是從俄文翻譯的書籍中讀來的。他能依次說出中國朝代的名字；他能分辯詩聖杜甫的功力與詩仙李白的才華；他洞悉老莊哲學的內涵；他也癡迷紅樓夢中的愛情故事。他最欣賞中國的一句哲理名言，那就是：「要做雞的小嘴巴，不要做牛的大尾巴。」有一天他準備了紙張和筆墨，請我用中國字寫出這一句話，我遵命寫了「寧為雞首，勿為牛後」八個大字給他。他很高興，把這八個大字張貼在他的辦公室坐位後的牆壁上。虔誠供奉，拳拳服膺。

但是繆生博士並不認識中國字，因此他並不知道，我寫的就是他所需要的。有一天一位華裔天文物理學家黃授書博士，來到他的辦公室去拜訪他。黃博士一見這八字箴言，便表露出會心的微笑。繆生博士乃問黃博士，紙上寫的是什麼意思？黃博士說：「你的工

作是像從小雞嘴裡慢慢啄磨出來的，不是像牛尾巴後面的那些東西。」

　　後來他們來到我的辦公室，告訴了我這件事，繆生博士笑著對我說：「現在才證明你沒有欺騙我。」這是我第一次與黃授書博士見面。

　　黃授書博士曾在中國西南聯合大學讀書，在芝加哥大學時受業於陳屈西克（Chandrasekhar）教授門下。1960 年代，美國天文界在耶魯（Yale）大學布勞耳教授領導下，天體力學獨領風騷。因應時勢，美國「天文學報」每期發表之論文，90%是與衛星軌道力學有關，其他天體物理論著，很難被接受發表。陳屈西克教授乃在美國天文學會內另創「天文物理學報」，與「天文學報」抗衡。黃授書博士原擬加盟軌道研究的七人小組，因未為布勞耳博士接納，故返回陳屈西克教授的陣營，回芝加哥任教於西北（NorthWest）大學。由此可知，學術門派之見，中外皆然。

　　黃授書博士一生未婚。乃一天文物理學家。在華盛頓任教於天主教（Catholic）大學時，與我同住在馬里蘭（Maryland）大學山崗的一棟公寓房屋內，每天在同一餐館吃晚飯，飯後經常一同散步。我曾將我對天體力學的基本質疑告訴他，我對他說：

　　「太陽系的數學模式是將星球視為質點；它的物理模式則是將行星及衛星視為大大小小的均質圓球。但是太陽系中的天體，內部的密度並不均勻，外形也不是真正的圓球。所以不能以質點代表。」

　　他問：「你的見解是：軌道力學必須重寫？」

　　我答：「如要釐定精確的登陸星球或月球的軌道，勢在必行！」

　　他說：「如果基本理論需要重寫，計算過程，累月連年。茲事體大，望你三思。」

我說：「星球內部質量的分佈與外表的正確形狀，我已展開到陳屈西克第三和諧模式，電腦程序及作業也已初步安排。我想把太陽，地球及月亮的內涵與外貌，利用電腦，展開到陳屈西克第八和諧模式，你是他的學生，有何高見？」

黃博士豁然貫通似的說：「這是一個好想法，我要去和陳屈西克教授好好的討論，討論！」

這完全是我憑空的假說，沒有絲毫憑據可資證明。於是我開始探索最基本最簡單的科學例證。以期說服我自己。

我試圖將太陽的形狀展開到陳屈西克第四和諧模式，作為重力的起源，以此計算水星繞日的橢圓軌道。也就是說，太陽不是質點的數學模式，也不是真正的均質圓球的物理模式，而是一個陳屈西克第四和諧模式的非均質而略為扁平的球體。依此計算得來的牛頓橢圓軌道，水星近日點確有進動現象，但並不是所謂愛因斯坦相對論之效應。

黃授書博士立即將此一研究結果，電話告知陳屈西克教授。陳教授欣喜之餘，也改變了他的治學的觀念與態度，承認古老經典式的天體力學仍是近代天體物理之骨幹。陳屈西克博士對天文物理中數學模式的貢獻，受到 1983 年諾貝爾物理獎的肯定。

1967 年哥達德太空飛行中心，召開登月軌道討論會。陳屈西克教授，應邀出席參加。在會議席上，與布勞耳教授及繆生博士握手言歡，前嫌盡釋。實事求是，服膺真理。他們三人展現了科學家的良知，風度與品格。

阿波羅（Apollo）衛星登月軌道之計算，從此就順利展開，不再有什麼學術門派的喧嚷。在繆生博士等六位專家及陳屈西克教授的輔導下，我在天體力學的理論中，引用了導航及控制的新方法，

從而釐定了太空人來往地球與月球之間的飛行軌道。經天緯地，這是繼中國發明火箭之後，人類飛天智慧的再度輝煌。

圖 8-1：天文動力學家繆生博士。　　圖 8-2：天體物理學家陳屈西克博士。

附註一：
印度裔的陳屈西克博士任教英國劍橋大學天文系時，因學術門派之見，被迫辭職，美國芝加哥大學乃延聘擔任教授之職。1967 年黃授書博士介紹我與他見面時，他很驕傲而自負的告訴我，他在芝加哥大學教導的一班研究生中，三分之二得諾貝爾物理獎。黃博士在旁笑道：「其他的三分之一就是我。」。
事後黃博士告訴我，大師講課，枯燥無味，美國研究生都不選修他開的課，全班只有三位中國學生。
附註二：美國哥達德太空飛行中心，現仍應用陳屈西克衛星之運作，收集遙感信號，研究宇宙之起源及黑洞之形成。

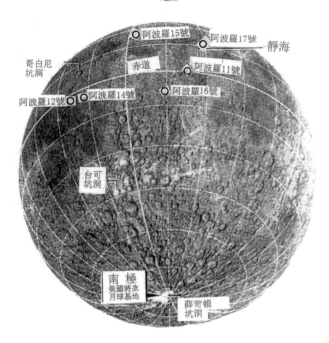

圖 8-3：阿波羅時代載人衛星登陸月球之地點。

九、語出驚人：太空的中國麵條

天體力學原理是人造衛星穩定理論之基礎。太空飛行中有許多複雜的物理現象，科學家如無敏銳的物理直覺和見解，往往很難抓住問題的中心，並可能導致災難性的失敗。

由於太空科學的迅速發展及模擬試飛次數的頻繁，大大小小的技術問題，都可能使計劃失敗，即令有那一批德國的 V2 專家們，也不能保證達成任務。當時的太空科學家們已看出了人造衛星的實用價值。同步衛星已經製造完成，一俟檢驗合格，即將準備發射。

1964 年美國第一顆同步衛星電訊試探號，準備試射。這顆衛星係由霍浦金斯（Johns Hopkins）大學應用物理實驗室設計，發射前先送哥達德太空飛行中心檢驗，決定驗收與否的最後一程序，就是召開會議，逐項審查檢驗結果。參加驗收會議的官員及科學家約百餘人，我是理論研究小組代表。

聽取了一整天的檢驗報告，我一直沉思不語。最後主席作出結論：「電訊試探號同步衛星，進入地球軌道後，天線朝向地球，一次伸展，定位兩年，穩定可靠。」當時我抓住了錯誤的重點「一次伸展」，突然大聲說：

「不！兩小時內，電訊試探號衛星上的天線，就會捲折成為一條麵條的形狀。」

全場驚愕，眼光都朝向著我這個麻煩製造者

　　主席召我走向臺前，向大會說明我的評判。我陳述了在軌道上衛星天線伸展之速度與變形的基本原理，用數學方程式表明了天線彈性變形與伸展速度之關係。在黑板上我繪出了天線變形的圖樣。

　　忽然聽眾中有人說：「這是太空中的中國麵條！」全場轟然大笑。

　　警告問題的嚴重性之後，我建議問題解決之道：（1）減低天線之展伸速度，（2）天線之展伸分數次完成。

　　主席宣佈休會，我的批判及建議，將請專家審核。

　　下班後照常與黃授書博士同進晚餐。我把這件事原原本本的告訴了他。他問我：「這是一場賭博，你為什麼要做這樣膽大妄為之事？」

　　飯後，我將實情告訴了他。因為在臺灣的中華民國政府中部份對我有所誤會之人士，現在已向美國政府交涉，將我引渡遣解歸國法辦。這可能是上蒼給我的一條展現功力的求生之路。如果成功，我才可繼續從事太空科學工作。黃博士聽完我的解釋以後，一聲長嘆。最後說：「願老天保佑你！」。

　　第二天，太空飛行中心理論研究室主任海士（Hess）博士也知道了這件事，他對我說：「我很耽心你昨天在大會中的提案，該案已送麻省理工學院（MIT）導航系統實驗室覆核。」

　　兩星期後，覆審完畢，決定採用我的提案：電訊探測號同步衛星在軌道上展伸天線，減低速度，分多次完成。

　　一個月後，我在佛羅里達（Florida）州甘乃迪（Kennedy）太空發射中心，觀察這顆衛星的發射實況。衛星進入地球軌道後，天線朝向地球伸展，歷時兩天。天線搖擺，其頻率及振幅與理論值相符。關於此一科學論證，我著有「衛星在軌道上展伸天線之動力學」。發表在 1965 年美國航空及太空學報上。

　　1960 年代，哥達德太空飛行中心負責發射了 100 多顆不同形狀的衛星，從事通訊，氣象及太空物理方面的試驗工作。如圖所示，所有衛星的天線伸展，都是依照我的建議，才獲成功。

圖 9-1：1960 年代衛星天線之伸展模式

圖 9-2：伸長成功後的太空長線。

　　此後我即被邀請，參加衛星設計工作，伸展材料在太空中的彈性理論，建立了太空梭，太空站及太空望遠鏡等航天器之飛行穩定之原理。（曾先後獲頒太空梭獎，及太空站獎）。

十、學府巡禮：
哈佛、耶魯、劍橋與普林斯頓

哈佛（Harvard）大學天文物
理臺的依斯扎克（Iszak）博士出
生於匈牙利（Hungary），為太空
總署（NASA）軌道研究七人小
組成員之一。當時他對正在迅速
發展中的電子計算設備，極感與
趣。事實上，我所計算的與他所
觀測的天體位置，無法比照，除
非有超越人類計算能力的電腦
設備。面對著駭人的天文數字，
我們感佩電腦專家的能力和貢
獻。為了學術研究工作之連繫與
交流，我受聘擔任哈佛訪問天文

圖 10-1：哈佛大學天文物理學家
伊斯扎克（Iszak）博士
（1925-1965）。

學家，與依斯扎克博士共同研究天體的運轉及變遷。在哈佛校園
裡，我也試圖表現得像一個哈佛人一樣——堅定、堅韌、勇往直前，
讓人敬畏。

我們應用電腦，從事衛星軌道計算的工作，奠定了登月軌道的
基礎。1965 年，依斯扎克博士不幸因癌症逝世。飛天夢裡，痛失
知交。

　　1964 年春，耶魯（Yale）大學天文系主任布勞耳（Brouwer）教授，邀約我去耶魯天文臺擔任訪問天文學家。布勞耳教授祖籍荷蘭（Holland），乃當代天體力學大師。人造衛星在茫茫天海中，渺若微塵，瞬見即逝。怎樣才能準確的追跡它？測量它？怎樣才能有效的控制它？這些跟蹤定軌的系統方案，必須根據天體力學的基本原理，算出軌道參數。我在耶魯（Yale）天文臺的主要任務，就是協助布勞耳教授，算出登月衛星的軌道參數。

　　在耶魯（Yale）大學的校園內，看到青春洋溢的莘莘學子，呼吸著濃鬱的書香，我不禁想起童年失學的境遇。耶魯大學以其悠久的發展歷史，獨特的辦學風格和卓著的學術成就，聞名於世。我在這一所世界第一流學府的天文臺上，算出了人造衛星登月軌道的參數。

　　布勞耳教授於 1966 年逝世，享年六十四歲。痛失益友良師，研究登月軌道的成員，又少一個！

　　我幼年貧困失學，在抗日戰爭的烽火中隨軍讀書；在國共交戰的煎熬下完成兵工教育。戰亂中既無

圖 10-2：耶魯大學天文系主任教授布勞耳（Brouwer）博士（1902-1966）。

完整的文科學歷，又無學士學位證書。來美三年，獲取康乃爾大學博士學位後，憑著自己的智慧與才能，走進哈佛，耶魯的學術殿堂，呼吸書香氣息，參加人類登月計劃的前驅研究工作，感慨殊深！

　　中國的北大和清華與美國的哈佛和耶魯，是世界青年學子響往和推崇的四大學府。也是世界文化及文明交流的重要平臺。寄望這

四所大學培植的世界領導菁英，超越地域和思想的屏障，引導人類，共同開拓和諧，安寧而又尊榮的大同世界。

　　在美國國家研究院研究員任內，我住在馬里蘭（Maryland）州的大學山岡，與新澤西（Newjersey）州的普林斯頓（Princeton）大學相隔不遠，開車三小時可達。1964 年，我曾寫了一篇和諧振蕩的相對論效應，這是我以後研究水星繞日軌道的相對論效應之前奏。當時普林斯頓大學物理教授朗比（Ronbee）博士，也在研究水星軌道的相對論影響。為了學術討論及交流，我們經常來往。因此我又有機會，觀摩美國另一所著名大學──普林斯頓大學。

　　經由朗比教授的特別安排，我朝拜了愛因斯坦的普林斯頓故居。故居為一普通民房，坐落在一平民住宅的社區內。屋內陳設簡陋，可以想到當年愛因斯坦的樸實而簡單的生活。這位愛名譽，愛睡覺，不重錢財，不修邊幅的科學天才與聖人，就在這簡樸的住宅內度過他孤寂的晚年。

圖 10-3：愛因斯坦晚年的普林斯頓住宅。

圖 10-4：愛因斯坦在這座樓房上層的讀書室內，度過他晚年的研究生涯。

英國劍橋（Cambridge）大學為美國精英大學之典範。1966 年世界理論地球物理會議在劍橋召開，我應邀參加會議，住宿於該大學的三一學院內。劍橋大學的學宮黌舍，林立於劍河兩岸，五百年悠久的歷史，與中國湖南嶽麓書院同為世界最古老的學府。七條橋跨過劍河，景色優美。泛舟河上，穿過橋洞，只見綠波微盪，碧柳凝煙。雲天倒影中的劍橋大學，堪與中國的浙江大學媲美。

圖 10-5：1966 年作者佇立於劍橋大學三一學院牛頓石像前。

　　幼年時我因家境貧困而失學，八歲時才有清寒免費，入學旁聽的機會。求學的奮鬥過程，險阻而且艱苦。我終於能在歐美精英大學，如康乃爾、哈彿、耶魯、普林斯頓及劍橋大學內進修或觀摩，奠定了我從事太空研究工作的基礎與信心，這是我回憶中的一大欣慰。

十一、水星理論，震撼天庭

1960 年代，自臺灣赴美的留學生，學成以後，大部份都能找到工作，留美不歸。國府也並無任何學成以後，應立即返國服務之規定與管制。我自軍中停役，獲准赴美進修，在建制上，我也不過是眾多的臺灣赴美留學生中的一個。但是我的留美未歸，幾乎招致了極大的災禍。

1964 年 11 月，中華民國政府中部份對我有所誤會之人士，經由外交途經，通知美國政府，將我遣解歸國法辦。回國後將受軍法審判，地球雖大，似已無我容身之處，值此生死攸關時刻，我記起了在臺灣花蓮兵工學校校閱臺上的一幅對聯：「水盡三千界，心雄百萬軍。」當年讀書「修道」的功力，加上在美國四年的磨煉，已是爐火純青，現在有用武之地了。我要修煉一柄神奇巨劍，把它指向太空，以超越「百萬軍」的雄心，為我開闢一條生路。

我的神奇巨劍，指向最近太陽的一顆行星——水星。

1960 年代，為了配合衛星尋找太空中的生命信號，美國太空總署（NASA）及美國科學基金會（NSF）聯合決定在美洲中部，波多黎角（Puerto Rico）山谷中，建立一座電波天文臺。電波望遠鏡的直徑達 306 米。天文臺的設計與建造，由康乃爾（Cornell）大學哥德（Gold）教授主持。很顯然，為完成這座探測宇宙中（地球之外）有無生命存在的太空計劃，美國必須付出非常龐大的人力與金錢。像這樣的一個太空計劃，是真有科學價值嗎？為了提供更多其他強有力的科學論證，在 1960 年我便做了哥德教授的研究助

手。當時我計劃收集自地球至其他行星球的電波來往信號。我特別注意水星的反應，因為在教科書中，太陽系內的行星運轉，都服從牛頓的運動定理，只有水星的進動，須引用愛因斯坦相對論效用，才能解釋。

我們每晚觀察月球時，永遠只能看到月球的一面。月球是地球的衛星，它的公轉和自轉就是被這一和諧運動的規律鎖住：月球的一面永遠朝向地球；另一面則永遠看不到地球。

水星離太陽最近，是最難觀察的一顆行星。近百年來，光學儀器測量的結果，水星的公轉和自轉也是被同一和諧運動規律鎖住。換言之，水星的一面永遠朝向太陽；另外一面則永遠看不到太陽。

地球與月球及太陽與水星的軌道關係，在天體力學中，都可用同一和諧運動規律解釋。簡單的說：月球繞地球公轉一週，週期為30 天，月球自轉一週，週期亦為 30 天；水星繞太陽公轉一週，週期為 88 天，水星自轉一週，週期亦為 88 天。這種天體旋轉，叫諧振旋轉。這也就是同步衛星及全球定位通訊衛星的基本原理。

1964 年，波多黎角電波天文臺建造完工，運作開始。雷達信號來往於水星與地球之間。經過三個多月的反覆試驗，發現水星的旋轉週期不是 88 天。

當時天文學家及雷達專家，十分謹慎，不敢宣佈測試給果。恐怕有觀察技術上的差錯。提高精度，修正偏差，又經過了三個月的反覆測試後，正式宣佈：水星的旋轉週期為 59 天；誤差為 0.4 天。

美國天文學會為此召開特別會議，邀請世界學者專家兩百餘人，前來美國太空總署，討論這項新的科學發現及其價值。開會三天，宣讀論文卅二篇。

第一天上午，觀測人員說明光學及雷達測量水星旋轉之歷史及困難，並簡述波多黎角天文臺之特別性能及功用。當天下午，仍由

觀察人員報告測試程序及計算結果。在這一整天的討論中，傳統的光學專家質疑雷達的精確度，並重申 88 天的正確性；但先進的雷達專家則保證新技術之可靠，並推崇 59 天的新發現。

在第二天的會議中，「88」與「59」之爭，成為科學論戰之熱點。科學家們群爭公庭，針鋒相對。但是沒有一個理論，能道出問題的根源。因為傳統式的「88」天水星自轉週期的物理意義已經明瞭，且已廣為天文界接納，但新發現的「59」天水星自轉週期，將是對太陽系動力學的一大新的挑戰。

我的論文被安排在第三天，最後宣讀。論文分三部份：1.理論、2.旋轉方程式、3.數據。我上臺首先宣佈：水星旋轉週期不是 88 天，也不是 59 天，而是 58.65 天。然後在黑板上寫了幾個大數字：

$$88 \text{ 天} \times \left(\mathbf{2/3}\right) = 58.65 \text{ 天}$$

我把 **2/3** 寫得特別大。

費曼（Feynman）教授坐在臺下的前排，他問：「（2/3）這個數字是從哪裡來的？」我答：「是我從量子力學中借來的。」他恍然大悟的說：「對！對！對！量子諧振比例數：2 比 3。宏觀的天體力學與微觀的量子力學，你融會貫通了。」全場肅靜。

我寫出水星旋轉之方程式後，費曼教授向大會主席阿基夫（O'Keefe）博士建議：請兩位電腦專家，輸入軌道參數，依照我的方程式，計算水星的旋轉速度。並提請下午二時，繼續開會，討論電腦計算之結果。

下午二時，科學家們來到會場，聽候宣佈電腦的計算結果。我並不緊張，因為我對自己的論斷，深具信心。即令宣佈我的理論錯誤，我也知道如何答辯。果然，立席阿基夫（O'Keefe）博士宣佈：

「經過兩小時電腦計算的結果，水星旋轉速度，並無 2 比 3 的諧振現象，因此劉博士的假說，無法證明。」

我起立申辯：「電腦算錯了！」

主席對我說：「劉博士，現在我要很嚴肅的對你說，你來自那樣的一個國家，不信任人，連機器（電腦）也不信任了！」

我說：「科學求證不是對人和對物的信任問題。請你准我查證一下電腦計算數據的記錄。」

在哥德及費曼兩位教授的陪同下，我立刻看出了電腦計算程序中的一項錯誤。我對哥德教授說：「這是理論物理中應用數學方法不當的一項基本錯誤。必須改正。」費曼教授聽了，點頭同意。改正錯誤後，輸入軌道參數，電腦模擬兩百年來水星旋轉速度之變遷。信號表示：

(1) 水星自轉週期為 58.65 天（雷達測量值為 59 天；光學觀察值為 88 天）

(2) 水星自轉速度變動為 0.008 天（雷達測量值為 0.4 天）

(3) 水星搖頭振動週期為 180 天（雷達尚未測出）

(4) 水星的 2 比 3 的諧振現象，在軌道近日點強烈展開。

(5) 水星上有兩座東西熱力凸起，在軌道近日點時，交互朝向太陽。以其極為微小的重力差距，很巧妙的鎖定了水星的旋轉速度，在 2 比 3 的諧振狀態之中。

(6) 水星近日點的進動現象，並非愛因斯坦相對論效用。

(7) 水星諧振旋轉的發現，奠定了人造衛星定位的理論基礎。

會議仍在進行中，哥德及費曼兩教授將此結果，遞交大會主席。主席宣佈結果，我的水星理論終於得到大會的肯定。

　　會議結束時，主席阿基夫博士當眾向我道歉，並向大會宣佈：「劉漢壽博士是一位真正的科學強人，電腦及雷達都已向他認錯。以後我將永遠追隨他的太空軌道理論。」我立即邀請他為這篇論文的第二作者，他亦欣然同意。論文發表後，十餘位原子物理學家及天體物理學家，相繼發表評論，推崇劉漢壽——阿基夫水星旋轉理論的學術價值。

　　因此神奇巨劍，修煉成功。豎立在太陽與水星之間，賦予有特殊的魔力，也為我指出了一條求生之路。昔日的「心雄百萬軍」，今日的「力上九重天」，已使我有能力掌握自己的命運。（註：我的這篇論文曾發表在 1965 年 12 月出版的科學學報上。這一構想是以後億萬美元通訊衛星系統，定位的基本原理。）

　　我的水星旋轉理論，震撼天庭。由於費曼、哥德及阿基夫三位權威科學家公開作證，美國政府因此決定，正式婉告臺灣中華民國政府，不同意引渡要求。

評審劉氏水星旋轉理論的三位科學家

左圖：天體物理學家哥德博士
中圖：原子物理學家費曼博士（費曼博士獲 1965 年諾貝爾物理獎）
右圖：天文地質學家阿基夫博士

Reprinted from Science, December 24, 1965, Vol. 150, No. 3704, page 1717

Science

Theory of Rotation for the Planet Mercury

Abstract. *The theory of rotation of the planet Mercury is developed in terms of the motion of a rigid system in an inverse-square field. It is possible for Mercury to rotate with a period exactly two-thirds of the period of revolution; there is a libration with a period of 25 years.*

By radar, Pettengill and Dyce (1) have observed that the rotation of the planet Mercury is direct with a sidereal period of 59 ± 5 days. McGovern et al. (2) have refined this value to 58.4 ± 0.4. Mercury's period of revolution is 87.97 days; for synchronous rotation the sidereal period of rotation would be the same. The observed value of 58.4 ± 0.4 days, has interesting theoretical implications. The role of tidal torque and tidal friction in bringing Mercury to this period has been calculated by Peale and Gold (3), and by Goldreich (4).

The torque exerted by the sun on Mercury arises from a term in the potential which varies inversely with the cube of the distance. For an eccentricity of 0.2, the variation between perihelion and aphelion in this term is a factor of 3.4. Hence, as pointed out by Peale and Gold (4), the rotation of Mercury tends to be controlled by the situation at perihelion; it tends to rotate so as to match the instantaneous orbital angular velocity at perihelion or near it.

But since the period demanded by this condition is nearly two-thirds of the orbital period, it is reasonable to ask whether a resonance lock is possible at exactly two-thirds of the orbital period, or 58.65 days. This seems plaus-ible because the second-harmonic term in the planetary potential will have fore-and-aft symmetry; up to the second degree, the two ends of the axis of minimum moment of inertia behave in the same way in the gravitational field of the sun. Colombo (5) has already surmised that the lock is possible: our own work was begun before we were aware of his.

If $A < B < C$ are the principal moments of inertia at time t, and if C is taken perpendicular to the orbit plane, then the potential energy of the planet Mercury is, by MacCullagh's formula

$$V = \frac{-KM}{r} - \frac{K(A+B+C-3I)}{2r^3} \quad (1)$$

where K is the gravitational parameter, M is the mass of Mercury, and I is the moment of inertia around the radius vector r

$$I = A\cos^2\phi + B\sin\phi \quad (2)$$

where ϕ is the angular displacement of the principal axis, A, in the counter-clockwise direction as seen from north, from the position vector. r.

The Lagrangian of Mercury's motion is

$$L = \tfrac{1}{2}M\left[\left(\frac{dr}{dt}\right)^2 + r^2\left(\frac{df}{dt}\right)^2\right]$$
$$+ \tfrac{1}{2}C\left(\frac{d\phi}{dt} + \frac{df}{dt}\right)^2$$
$$+ \frac{KM}{r} + \frac{K[A+B+C-3I]}{2r^3} \quad (3)$$

where f is the true anomaly.

To the second order in ϕ, rotation of the planet Mercury is governed by

$$\frac{d}{dt}\left[C\frac{d(\phi+f)}{dt}\right]$$
$$+ 3\frac{K}{r^3}(B-A)\cos\phi\sin\phi = 0 \quad (4)$$

The instantaneous motion of the planet Mercury is described by

$$r = a(1-e^2)/(1+e\cos f) \quad (5)$$

where a is the semimajor axis and e the eccentricity of the orbit. From the law of invariant areal velocity, the or-bital angular momentum, h, is

$$h = r^2(df/dt) \quad (6)$$

If the independent variable is changed from the time t to the true anomaly f, then Eq. 4 becomes, if A, B, and C are constant,

$$\frac{d^2\phi}{df^2} - \frac{2e\sin f}{1+e\cos f}\left(\frac{d\phi}{df}+1\right)$$
$$+ \frac{3\lambda}{1+e\cos f}\cos\phi\sin\phi = 0 \quad (7)$$

where $\lambda = (B-A)/C$.

In a circular orbit $(e=0)$ and in the case of a body with dynamic sym-metry and the axis of symmetry per-pendicular to the plane of the orbit $(\lambda = 0)$, Eq. 7 can be integrated by quadratures. Hence for small e and λ, one can find an approximate expression for the solution of this equation, work-ing from the Poincaré small-parameter method or the Krylov-Bogolyubov averaging method. Since $e \neq 0$ and $\lambda \neq 0$ represents a nonintegrable case, only qualitative investigation and nu-merical analysis of Eq. 7 appear to be readily obtainable.

By repeated numerical integration of Eq. 7 over a period of 100 years we find that for $\lambda = 0.00005$ (that is, some-what less distortion than the moon) Mercury will lock at an average period of 58.65. The instantaneous period os-cillates with an amplitude of the order of 0.008 days and a period of 25 years.

Han-Shou Liu
John A. O'Keefe
Goddard Space Flight Center, Greenbelt, Maryland

References and Notes

1. G. H. Pettengill and R. B. Dyce, *Nature* **206**, 1240 (1965).
2. W. E. McGovern, S. H. Gross, S. I. Rasool, *ibid.* **208**, 375 (1965).
3. S. F. Peale and T. Gold, *ibid.* **206**, 1240 (1965).
4. P. Goldreich, *ibid.* **208**, 375 (1965).
5. G. Colombo, *ibid.*, p. 575.
6. We thank R. K. Squires and E. R. Lancaster for assistance. The numerical analysis was performed by W. R. Trebilcock.

10 December 1965

圖 11-1-1：1965 年 12 月 23 日華盛頓科學出版社報導劉氏水星旋轉理論之科學新聞（其一）。

Reprinted from
19 January 1968, volume 159, pages 306-307

SCIENCE

Mercury Has Two Permanent Thermal Bulges

Abstract. If Mercury has been rotating with a period exactly two-thirds of the period of orbital revolution for at least 60,000 years, there exist two permanent thermal bulges on opposite sides of Mercury's surface that alternately face Sun at every perihelion. The bulges increase the strength of the resonance lock and tend to prevent drifting out.

Mercury's rotational period of 58.65 days is gravitationally locked (1), and the natural cause of this lock has been of great concern. I have investigated effects of thermal expansion on the positive difference of moment of inertia $B - A$.

The angle of rotation of Mercury is defined by

$$\Psi = f + \Phi(f) \qquad (1)$$

where f is the true anomaly, and $\Phi(f)$, angle of diurnal motion of Sun as seen from Mercury, is governed by

$$\Phi = \left[\sin^{-1}\left(\frac{e + \cos f}{1 + e \cos f}\right) - \frac{e(1 - e^2)^{\frac{1}{2}} \sin f}{1 + e \cos f} \right]\frac{P_1}{2}\frac{P_1}{P_2} - f \qquad (2)$$

in which e is the orbital eccentricity, and P_1 and P_2 are the orbital and rotational periods of Mercury. For $e = 0.206$ and $P_1/P_2 = 3/2$, it has been found that Mercury's instantaneous orbital angular velocity around Sun equals Mercury's rotational angular velocity at points that it reaches in its orbit 4 days before and after perihelion. Furthermore it has been found that the axis of Mercury that points to Sun at perihelion (the perihelion axis) is also directed at Sun from points that Mercury reaches 7 days before and after perihelion. Another axis of Mercury (the aphelion axis) points to Sun at every aphelion. In each Mercurial day (176 Earth days), Sun remains at the local meridian for points around the perihelion axis for about 60 days near perihelion. For points near the aphelion axis, Sun stays at its meridian position for only 8 days. The surfaces around the perihelion axis, therefore, absorb more solar heat than do those around other axes. This heat, when conducted inward, will cause the planet to bulge slightly along this axis because of thermal expansion, giving rise to a positive difference in the moments of inertia.

The difference in surface temperature between the regions around the perihelion and aphelion axes can be estimated by solution of a simple differential equation of heat transfer in a semi-infinite medium. The surface of Mercury is imagined as a homogeneous material characterized by thermal conductivity k, density ρ, and specific heat c. In such a material the temperature T at depth y below the surface at time t may be found from the one-dimensional heat-conduction equation

$$\partial T/\partial t = (k/\rho c)(\partial^2 T/\partial y^2) \qquad (3)$$

The heat flux outward at any point is

$$F = k(\partial T/\partial y) \qquad (4)$$

In the case of Mercury, the surface receives heat I from Sun and eventually reradiates this to space. The boundary condition that must be obeyed is

$$\sigma T^4 = I + F \qquad (5)$$

where σ is the Stefan-Boltzmann constant and the subscript zero signifies the surface. The insolation on Mercury's surface is

$$I = \frac{G(1 - A)(1 + e \cos f)^2}{a^2(1 - e^2)^2}\cos \phi \qquad (6)$$

where G is the solar constant, a is the major semi-axis of Mercury's orbit in astronomical units, and A is the albedo of the surface; the value of Φ is given by Eq. 2. When

$$2n\pi + (3\pi/2) \gtrsim \Phi \gtrsim 2n\pi + (\pi/2)$$
$$(n = 0, 1, 2, 3, \dots)$$

I is zero. In order to transform the true anomaly f to the mean anomaly M, the following equations are adopted:

$$\tan(f/2) = [(1 + e)/(1 - e)]^{\frac{1}{2}} \tan(E/2) \qquad (7)$$

and

$$E - e \sin E = M \qquad (8)$$

where E is the eccentric anomaly. The equations were solved on an IBM-7094 computer; it was found that the difference in surface temperature, ΔT, between the regions around the perihelion and the aphelion axes is about 100°C.

The result of the greater thermal expansion of the region around the perihelion axis can be estimated by application of Boussinesq-Papkovich potentials (2). The thermoelastic problem for a sphere has been the subject of many earlier investigations (2, bibliography). If we assume that (i) the extra density change due to solar thermal expansion, along any radius of Mercury, can be represented by a linear drop from the surface value to zero at the same depth y; and that (ii) at longitude θ the surface temperature is

$$\Delta T \cos \lambda$$

(λ is latitude) higher than that at the longitude of the aphelion axis, then the ratio of $(B - A)/A$ is given by

$$\frac{B - A}{A} = \frac{3(2 - 5\pi^4 + 3\beta^5)}{100(1 + \beta + \beta^2)} \times \alpha \cdot \Delta T \qquad (9)$$

in which α is the coefficient of linear thermal expansion and $\beta = (\gamma - y)/\gamma$, where γ is the aphelion radius. For $\alpha = 2 \times 10^{-5}$/deg, $\gamma = 2420$ km, and $\Delta T = 100°$C, the values of the ratio $(B - A)/C$ are given in Table 1. Goldreich and Peale (3) have shown that, if $(B - A)/C$ is as great as 10^{-5}, a 3/2 resonant lock is possible. Table 1 makes it clear that this condition requires y to exceed 1.4 km. It is well

Table 1. Values of the ratio $(B - A)/C$ when $\alpha = 2 \times 10^{-5}$/deg, $\gamma = 2420$ km, and $\Delta T = 100$ C.

β	y (km)	$(B - A)/C$
0.000000	2420 × 10⁶	1 × 10⁻⁴
.500000	3 × 2420 × 10²	2 × 10⁻⁵
.800000	2 × 2420 × 10²	1 × 10⁻⁴
.900000	1 × 2420 × 10²	1 × 10⁻⁴
.990000	2420 × 10	3 × 10⁻⁶
.999000	2420	3 × 10⁻¹⁰
.999900	2420 × 10⁻¹	3 × 10⁻¹⁴
.999990	2420 × 10⁻²	3 × 10⁻¹⁸
.999999	2420 × 10⁻³	3 × 10⁻²²
1.000000	0	0

圖 11-1-2：劉氏水星旋轉理論之科學新聞（其二）。

known that solutions of the one-dimensional conduction Eq. 3 lead to the result that the depth of heating is approximately

$$[t', \rho c t] v \quad 1 \qquad (10)$$

The value of $k/\rho c$ is approximately 0.01 for most silicate materials (4), so that

$$\quad 2 \times 10^{12} \text{ seconds} \qquad (11)$$

or roughly 60,000 years, which is brief compared to the age of the solar system. Thus it appears quite possible that the process of capture of Mercury has been naturally affected by thermal expansion, and that the two thermal bulges on Mercury's surface contribute significantly to the dynamic stabilization of the planet's rotation.

HAN-SHOU LIU
Goddard Space Flight Center,
National Aeronautics and Space
Administration Greenbelt, Maryland

References and Notes

1. H.-S. Liu and J. A. O'Keefe, *Science* **150**, 1717 (1965); L. J. Laslett and A. M. Sessler, *ibid.* **151**, 1384 (1966); W. H. Jefferys, *ibid.* **152**, 301 (1966); H.-S. Liu, *J. Geophys. Res.* **71**, 3099 (1966).
2. W. E. Warren, *Amer. Inst. Aeron. Astron. J.* **11**, 2369 (1963).
3. P. Goldreich and S. J. Peale, *Nature* **209**, 1078 (1966).
4. F. Birch, *J. Geophys. Res.* **57**, 227 (1952).
5. I thank R. K. Squires and E. R. Lancaster for assistance. The computer programing was performed by W. R. Trebilcock and A. Proffitt. Also I thank J. A. O'Keefe for suggestions and discussions.

19 September 1967

CELESTIAL MECHANICS
An International Journal of Space Dynamics

THERMAL CONTRACTION OF MERCURY

by

Han-Shou Liu

Goddard Space Flight Center

Celestial Mechanics **1** (1969) 144–149; D. Reidel Publishing Company, Dordrecht-Holland

ON THE FIGURE OF THE PLANET MERCURY

HAN-SHOU LIU

NASA, Goddard Space Flight Center, Greenbelt, Md., U.S.A.

A NOTE ON THE INSTANTANEOUS ROTATIONAL VELOCITY OF MERCURY

HAN-SHOU LIU

Laboratory for Theoretical Studies, Goddard Space Flight Center, Greenbelt, Md., U.S.A.

Celestial Mechanics **2** (1970) 123–126. All Rights Reserved
Copyright © 1970 by D. Reidel Publishing Company, Dordrecht-Holland

THERMAL AND TIDAL EFFECT ON THE ROTATION OF MERCURY

HAN-SHOU LIU

Goddard Space Flight Center, Greenbelt, Md., U.S.A.

Celestial Mechanics **2** (1970) 4–8. All Rights Reserved
Copyright © 1970 by D. Reidel Publishing Company, Dordrecht-Holland

The Libration of Mercury

HAN-SHOU LIU

Thermal Elastic Deformations of the Planet Mercury

HAN-SHOU LIU

Goddard Space Flight Center, Greenbelt, Maryland

JOURNAL OF GEOPHYSICAL RESEARCH   VOL. 71, No. 12   JUNE 15, 1966

圖 11-1-3：劉氏水星旋轉理論之科學新聞（其三）。

* Science Service *

Washington, D. C. 20036
12/23/65

MERCURY ROTATION RATE
CONFIRMED AS 58. 6 DAYS

WASHINGTON, ———————The rotation rate of the planet Mercury, smallest member of the Sun's system, has been confirmed as 58. 6 days.

Drs. Han-Shou Liu and John A. O'Keefe of the National Aeronautics and Space Administration's Goddard Space Flight Center, Greenbelt, Md., checked up theoreticlly and mathematically on the rotation time of Mercury, closest planet to the Sun.

They reported here in the journal SCIENCE (Dec. 24) that Mercury turns once about its own axis in exactly two-thirds of the time it takes to make one revolution around the Sun. Their discoveries were made following radar observations reported last April that Mercury has a rotation period of about 59 days.

* OBSERVE FUTURE RELEASES * HANDLE LIKE WIRE COPY *

圖 11-1-4：劉氏水星旋轉理論之科學新聞（其四）。

十二、獲登月成就獎

　　震撼天庭的水星理論，已引起阿波羅（Apollo）太空計劃主持人對我的特別注意。為便於管制，當局想把我列入組織核心，提請任命。申請人事任命，須由國家航空及太空總署（NASA）核准後申報。在我的任命申請書上，最後批示：「照准。但劉博士家眷，在臺灣不能來美。此項任命，不算週全圓滿。」峰迴路轉，中華民國「引渡歸國」的困擾，一變就成了美國的「接眷來美」的麻煩。

　　當時美國政府低姿態的採用了兩項接眷途徑：（1）由美國國家航空及太空總署（NASA）國際事務局函請中華民國駐美大使館，請求協助接眷。（2）由美國哥達德太空飛行中心主任克拉克（Clark）上書中華民國國防部部長蔣經國，請求核准家眷來美探親。克拉克博士致蔣經國部長的書信中，用詞誠懇，極盡感激之語。當年阿波羅太空計劃正在上馬，為使我安心工作，交涉接眷的公文，都有副本給我。據悉中華民國國防部對美國太空總署的請求接眷一事，未予理會，導致以後兩國間一場不為人知的外交角力。

　　1950 年代，發射人造衛星，仍是人類的夢想。太空飛行，在技術上似乎是不可能。1957 年 10 月蘇俄發射第一顆衛星，成功的進入地球軌道，舉世震驚。三個月後，美國於 1958 年 1 月，發射開發號衛星，太空競爭，從此開始。一年後美國成立國家航空及太空總署，發展及發射通訊及行星探測器。自第一顆人造衛星升空後，不到三年的時間，美國與蘇俄都發射了載人衛星。美國的第一顆載人衛星「水星」號成功的升入太空，安全而精確的降落在太西

洋中預定水面後，美國總統甘乃迪即於 1961 年 5 月 25 日在國會發表歷史性的演說：「我們的國家，已經決定，在這一個十年以內，要送人登上月球，而且要安全的把他接回地球。」於是送美國人上月球便成為了太空總署的主要，龐大而又優先的太空計劃，是即為太陽神載人衛星登月的太空計劃。世稱阿波羅登月太空計劃，與曼哈頓（Manhattan）原子彈計劃，為美國歷史上兩大科技發展之里程碑。

「水星」一號單人軌道飛行的經驗，為阿波羅三人登月的往返軌道提供了設計原則。首先決定試射三顆無人衛星，為登月軌道鋪路。第一顆無人衛星像一顆大砲彈，射中月球後，送回撞碰點的痕跡。第二顆無人衛星則是試驗如何能使載人衛星，進入月球軌道。最後則發射勘測號無人衛星，輕輕的登落在月球的表面。這三種無人衛星，收集了足夠的軌道資料，證明阿波羅載人衛星登月的可能性。

載人飛行試驗立即進行：第一次試驗，發射一顆載人衛星，繞月球 10 次，歷時 20 小時 6 分鐘。第二次則發射一顆載人衛星，繞地球 151 次，歷時 24 小時。試驗在地球軌道上，月球軌道站與登月艙之分離與接合。第三次發射的載人衛星，演習在月球軌道上的月球軌道站與登月艙的分離與接合的情況，歷時 192 小時 3 分 23 秒。這三次載人飛行試驗，是為阿波羅載人衛星的登月軌道鋪路。

載人登月衛星的追蹤及導航，都以七人軌道小組所計算的登月軌道為依據：

(1) 發射後 75 小時 50 分，衛星進入月球軌道。

(2) 發射後 101 小時 12 分，兩太空人在登月艙中開始脫離軌道站，下降至月球的表面。

(3) 發射後 102 小時 45 分，兩太空人在登月艙中著落在位於北緯零度 4 分和東經 23 度 26 分的月球靜海地區。

(4) 發射後 109 小時 42 分，兩太空人相繼出艙，在月球表面，執行任務。

(5) 發射後 124 小時 22 分，太空人回登月艙內，啟動火箭，自月球上升，返回月球軌道。

(6) 發射後 128 小時 3 分，登月艙與月球軌道站連接。

(7) 發射後 195 小時 18 分，月球軌道站飛返地球，準時準位的降落預定的地點。

　　載人衛星登月軌道之計算及釐定，係由軌道小組負責。因該組成員依斯扎克（Iszak）及布勞耳（Brouwer）兩位教授，相繼於 1965 年及 1966 年逝世，我的工作及任務，更加繁重。

　　1969 年 7 月 16 至 24 日，美國在甘乃迪（Kennedy）太空中心，發射阿波羅載人衛星，由三位太空人阿姆斯壯 Armstrong）、柯林士（Collins）及艾德林（Aldrin），執行登月任務。按照釐定的登月軌道，阿波羅載人衛星，運行順利，往返於地球與月球之間。登月成功，安返地面。實現了 1961 年 5 月 25 日，美國總統甘乃迪對世界的承諾：美國要送人登陸月球。

　　人類登陸月球，是歷史上的一件大事。論功行賞，我有幸接受了阿波羅（Apollo）登月成就的勛章與獎狀。勛獎典禮之後，我開車悄悄的回返寓所。一進門，就看到一位東方女子，坐在房東老太太的客廳裡。她就是我的妻子。夫婦重聚，似幻似夢。當年為了我手中拿著的這份勛獎，努力工作奉獻，這個中國女子在臺灣，也付出了堅貞的十載青春。

1961 年，美國啟動太空計劃。九年後，美國登陸月球成功。
1955 年，中國研發原子武器。九年後，中國原子試爆成功。

九九之數，似是歷史上孕育著的巧合，所不同的是：

中國製造原子彈，沒有一個外籍人士參加。但是，
美國登陸月球，卻有一位沒有美國籍的中國人參與！

就科技發展之歷史而言，我對人類首次登陸月球的成功，也有
不可磨滅的貢獻。

The National Aeronautics and Space Administration
presents the
Apollo Achievement Award
to
Han-Shou Liu
In appreciation of dedicated service to the nation as a member of the team which has advanced the nation's capabilities in aeronautics and space and demonstrated them in many outstanding accomplishments culminating in Apollo 11's successful achievement of man's first landing on the moon, July 20, 1969.

Signed at Washington, D.C.

ADMINISTRATOR, NASA

圖 12-1：1969 年，作者獲頒美國登陸月球成就獎。

The Washington Post

Times Herald

Phone RE. 7-1234 Copyright © 1965 The Washington Post Co. TUESDAY, OCTOBER 19, 1965 WTOP TV (9) Radio (150)

China Seeks To Get Back Scientist

By Jack C. Landau
Washington Post Staff Writer

Nationalist China is trying to force a Chinese-born scientist to return to Taiwan, a group of scientists at the National Aeronautics and Space Administration charged yesterday. He is Dr. Han-shou Liu, of Greenbelt.

~~In the new case of Dr. Liu~~ a NASA official called Taiwan's action "medieval and inhumane." NASA said publicly that the agency is "interested . . . but there is a limit to the extent to which we can interfere."

Dr. Liu is characterized as a "really unique" astrophysicist: according to NASA one of the nine men in the world who have made any significant discoveries in an area of satellite stability. Five of the others are Russian.

NASA also has said that Dr. Liu's discoveries have helped the American space program to catch up with the Russians and, in some areas of satellite research, surpass them.

A spokesman for the Chinese Embassy said that Dr. Liu is on active duty as an Army captain but with a leave of absence.

圖 12-2：華盛頓郵報（WashingtonPost）報導。

The Washington Star

October 19, 1965

WORK CALLED INVALUABLE

China Seeks Return of NASA Scientist Here

Nationalist China is pressuring an astrophysicist working here with the National Aeronautics and Space Administration to return to his homeland by refusing to allow his wife and 6-year-old son to come to America.

NASA officials have called his work here invaluable.

Taiwan authorities want him back claiming he is an officer in their armed forces.

Dr. Han-shou Liu, who now lives in Greenbelt, came to America in 1960. He attended Cornell University, and became one of the nine recognized authorities in the world in his special field of satellite research. Five are Russian.

"Several years ago he came to us looking for a job," Arnold W. Frutkin, NASA's assistant administrator for Intenational Affairs, said.

"We found him to be a competent scientist. We hired him. He expressed an interest in staying here permanently, but said that he was having difficulties in having his family join him.

"Many months ago we wrote to the Chinese Embassy and said we would like for him to stay here longer and would appreciate its help toward his family coming to this country. But nothing came out of it."

But the Embassy had other ideas. Richard Ling-hsun Jen, press counselor at the Chinese Embassy, said, "Dr. Liu is a Chinese military personnel. He is governed by Chinese regulations in this matter, and he is now supposed to return to China."

圖 12-3：華盛頓明星報（WashingtonStar）報導。

　　事實上，美國首都華盛頓郵報（WashingtonPost）及華盛頓明星報（WashingtonStar），早已於 1965 年 10 月 19 日，報導美國國家航空及太空總署（NASA）已經公開承認，作者的研究工作，已使美國的太空計劃，超越蘇俄。

十三、湖南話：在華盛頓對中國廣播

　　1960 年代初，美國發動越南戰爭。越戰期間，美國對中國也進行露骨的威脅。曾派軍機，進入中國領空偵察，並警告中國，不得介入越戰。1965 年 3 月 2 日，美總統詹森（Johnson）下令，實施「滾雷計劃」，擴大戰爭，轟炸北越。美國為征服越南，當時已出動了全國二分之一的地面部隊，五分之一的空軍力量及四分之一的海軍艦艇，並且動用了除原子彈以外的現代化武器，在這一情況之下，北越請求中國援助。中國決定援越抗美。

　　當年中國原子彈已試爆成功，這一成就，大大的加強了中國在國際上的威望。北越得到了有原子武器的中國為後盾，士氣軍心，大為振奮！進入 1968 年，北越發動了歷時 25 天的春季攻勢，襲擊了南越 34 個省會、64 個縣城和鄉鎮，顯示了北越人民的戰鬥意志。這場空前規模的慘烈戰鬥，極大的動搖了美國的民心與士氣。美國因陷入越戰泥淖，不能自拔。在國內如火如荼的反戰聲中，不得不重新考慮對中國的政策。1960 年代，中美無外交關係，彼此敵對，互不承認。因此如果美國意圖向中國提出修好的意願，也必須另外尋找特殊傳遞信息的渠道。因為在非正式的外交場合中，美國曾幾度向中國試送秋波，中國均無興趣。

　　美國太空總署（NASA）認為：美國登陸月球將是歷史上的一件大事。用中文向中國廣播登月實況，或可引起中國人的興趣，舒緩其仇美心態。但美國國務院則認為：因韓戰及越戰的恩恩怨怨，中國仇美，對美國用中文廣播登月之事，中國將進行干擾，並禁止

收聽。除非有一位正在美國從事登月工作的中國科學家，用原汁原味的湖南話，說出美國登月的和平意願，或可舒緩中國最高領導人的仇美、恨美和反美的心理，同意中美兩國建交，恢復中美兩國正常的邦交關係。

　　越戰局勢的嚴峻和國內反戰的浪濤，迫使美國朝野，不得不自我檢討與反省，而謀求解救之道。為突破外交僵局，人們必須了解下列三個問題的徵結所在。

(1) 一個原來親美的中國，為何一變就成為仇美、恨美及反美最激烈的國家？

(2) 留學美國的中國科學家，返回中國以後，為什麼都發表仇美、恨美及反美的言論？

(3) 如何才能向中國最高領導人說明：美國登陸月球，發展太空計劃，目的是為保障世界和平，決不會對中國造成軍事威脅？

　　美國政府決定推選我擔當此一特殊任務，一系列的美國友好訊息，由我用湖南話在華盛頓美國之音電臺，向中國廣播。

圖 13-1：1969 年作者用湖南話，在美京華盛頓向中國廣播之原始錄音磁帶。

1969 年 7 月 19-21 日，美國登陸月球，世界各國的電視，實況廣播，全球億萬人觀看了阿姆斯壯（Armstrong）登上月球的圖像。同時，我也在華盛頓美國之音廣播電臺（VOA），用湖南話作登月實況廣播，並作新聞評論。當時阿姆斯壯的那句「一人一小步，人類一大步」的話傳頌至今，但是這個珍貴的原始的英文磁帶錄音錄像記录，早已丟失，美國太空總署在 2005 年，找了一年也沒有找到。然而我的原始的中文磁帶錄音記錄，仍然完整，保存良好。（見圖）

我的人事資料，塵封了卅餘年。解密後，根據這盤磁帶的錄音記錄，美國聯合文化會議，終於頒發了一項國際和平獎給我。頌辭譯文如下：

> 身為太空總署科學家，劉博士在 1960 年代即獲得了中美兩國朝野的重視。1960 年代末，中美關係瀕臨於戰爭邊緣，兩國沒有邦交關係。在那段時期，中國國內禁止傳播美國新聞。1969 年 7 月 19～21 日，劉博士被邀請至華盛頓美國之音電臺，用中文向中國廣播美國登陸月球之實況。在廣播中，一系列的美國友好訊息，由劉博士以一特殊的方言——湖南話——對中國廣播。這一特殊方言，就是毛澤東主席的母語。當世界上四分之一的人口，從美國之音的中文廣播中，知道了人類首次登月成功，也說服了中國最高領袖，放鬆了他對美國的敵對與仇視。歷史告訴我們，美國阿波羅登月計劃，實際上已為基辛格博士的中國祕密之旅與尼克森總統和毛澤東主席 1970 年北京高層會議，鋪平了道路。中美北京高層會議後，中美關係恢復正常，越戰停止。對人類社會之服務而言，劉博士的終身成就，不僅是包括料學之進

展，也有關中美兩國人民之福祉。他相信科學家能扮演終止
及防禦世界衝突之主要角色。國際和平的建立與維護，已不
再是外交家及政治家的專有職責。他提醒世人：未來人類的
文化與文明，植基於國際友誼與合作。我謹代表美國聯合文
化會議，授予劉博士國際和平獎。全美聯合文化大會主席依
凡思。2003 年 5 月 16 日。

The United Cultural Convention of the United States of America

Presents the

INTERNATIONAL PEACE PRIZE

TO

DR. Han-Shou Liu

Citation

As a NASA scientist, Dr. Han-Shou Liu has reached his full potential and draw on the great minds from the United States and China. In the late 1960's, the US-China relationship was on the brink of war. They did not recognize each other diplomatically. During that period of time, China had banned all news reports from the US. On July 19-21,1969, Dr.Liu was asked to broadcast in Chinese to China on the American landing on the Moon at the Voice of America (VOA), Washington, DC. In the broadcast, a series of carefully worded goodwill messages from US to China were delivered by Dr. Liu in Hunanese, a special Chinese dialect which is the mother tongue of Chairman Mao ZeDong. While a quarter of the world population learned the man's first landing on the Moon from VOA's broadcast in Chinese, the Apollo Moon Landing Mission was also able to convince the top leader of the Chinese communist regime to end his decade long hostility to the United States. History has testified that NASA's Apollo Moon Landing Project has actually helped to pave the way for Dr. Kissinger's secret mission to China and the historic 1972 Nixon-Mao Summit Meeting in Beijing. After the summit meeting, the US-China relation was normalized and the Vietnam War ended. In terms of services to human society, Dr. Liu's lifetime achievements include not only science progress but also the well-being of the American and Chinese people as a whole. He believes that scientists have a key role to end and prevent world conflicts. International peacemaking and peacebuilding should never be the exclusive preserve of diplomats and politicians. He warns the world that the future of civilization depends on international friendship and cooperation. It is my great honor to nominate Dr. Han-Shou Liu for the INTERNATIONAL PEASE PRIZE of the United Cultural Convention of the United States of America.

General-in-Residence

May 16, 2003
DATE

美國聯合文化會議授予作者國際和平獎頌辭原文。

圖 13-2：美國聯合文化會議授予作者國際和平獎頌辭原文。

十四、
與德裔火箭專家范布朗博士的交誼

　　1969 年美國載人衛星登月成功，阿波羅（Apollo）計劃畫下了圓滿的句點。科技人員均獲休假，以示慰勉。范布朗（Von Braun）博士休假歸來，留了長鬚，決定退休。范博士原為德國希特勒（Hitler）政府陸軍部兵工廠，V2 火箭的設計者。二次世界大戰期間，V2 火箭襲擊英倫，舉世震驚。美國進軍歐洲，希特勒（Hitler）失敗。范博士及其領導的火箭專家 117 名，被美軍俘虜，解送至美國陸軍紅石兵工廠（Red Stone Arsenal），組織成馬歇爾（Marshall）太空飛行中心，替美國製造巨型火箭，計劃發射載人衛星，登陸月球。1960 年代我常去紅石兵工廠，參加火箭之設計及製造會議，因此有緣也有幸與這位火箭權威見面，並討論火箭發射後，衛星登月的軌道問題。

　　范布朗博士自小就愛做飛天工程之夢，他出身德國貴族家庭。曾向德國獨裁政府，宣誓忠貞。他開始設計德國 V2 火箭時，年僅廿五歲。對希特勒（Hitler）的效忠，幾乎導至他以後生涯的毀滅。

　　范博士當然意識到，從一個液態火箭玩具發展到一個真正能夠飛上天空的火箭，是需要大批經費的。錢從那裡來？他決定先進入德國陸軍兵工廠，學習兵器製造方法，先將火箭設計成為彈道飛彈。（V2 火箭即為世界第一批彈道飛彈）。然後再繼續發展彈道飛彈，便可成為繞地球軌道運行的人造衛星，果能如此，他的航天夢

想，也就實現了。所以范博士當年的納粹情結，應該是為了他個人理想的實現和事業的成功。

二次世界大戰結束，盟軍佔領德國後，范博士被俘，列為戰犯。軍事審判，死罪難逃。幸歐洲盟軍統帥馬歇爾將軍，高瞻遠矚，為美國羅致人才，赦免了范博士戰犯之罪。被遣解至美國陸軍紅石兵工廠後，他就改變了他對納粹德國之忠貞，宣誓效忠美國，替美國研發火箭，抗衡蘇俄的太空威脅。他甚至宣稱，為了實現他少年時代的航天夢，他將不顧任何毀譽，即令是一生為奴為僕，也是甘之如飴。

這位有納粹背景的火箭專家，在60年代前就發表過他對太空殖民，月球使命及登陸火星之構想。他後來設計的巨型土星（Saturm）五號火箭，曾將美國六組太空人送上月球。毫無疑問，他是廿世紀世界科技界最偉大的人物之一，也是開創太空時代的先鋒。遺憾的是，猶太裔史家筆下的這位科技傳奇人物，卻是戰俘、戰犯、戰爭工程師、投機取巧之徒，及沒有道德指南針的火箭專家。

1969年阿波羅載人衛星登月成功，范博士功成名就。實現了他的航天之夢後，立即蓄鬚明志，決定退休。當年康乃爾（Cornell）大學有意借重他的名望，遴聘他擔任下屆校長之職，哥德（Gold）教授曾囑我以校友身份，就近從旁探討他的意願。幾次見面談話之後，我對他的身世與經歷，有較深的了解。1977年，他因癌症逝世，享年65歲。

今年是范布朗博士逝世30週年。回想當年由於范博士的推薦與器重，我才能有機會進入美國阿波羅載人衛星登月計劃的核心組織，感念殊深。我們都是理工科班出身，受過嚴格的陸軍訓練，經歷過二次世界大戰的烽火，也經歷過兵工廠的磨鍊；更相似的是：我們都有難言之隱；我們都曾向自己的祖國，宣誓效忠，而後投身

美國。為了追求及實現共同的太空夢想，我們也都幾乎遭受極大之危險。開會時，他的英語有德國柏林人的腔調，我的英語也有中國湖南人的口音。他在德國開始進入兵工廠，試射 V2 火箭時，年方廿五；我在臺灣發射海岸火炮時，也正是廿五歲。1939 年 3 月德國元首希特勒曾召見他，授予「榮譽教授」之稱號；1959 年 3 月中華民國總統蔣中正也曾召見我，寄予期望。如此天造地設的巧合，當時成為阿波羅（Apollo）載人登月計劃中的佳話。事實上，1969 年美國人登月成功，成全了這兩位戰爭製造工程師的人生理想和時代使命。

在他逝世以前，我們曾討論過將來航天工作的真正意義，及其價值。當年他曾預料航天科技之發展，大部份將會是軍事應用，幾十年以來，世界已發射了六千餘顆衛星，其中 80%以上用於軍事。這很是不幸地符合了他當年的預料。

我們同是曾在中國及德國的陸軍兵工廠內，製造過兵器的戰爭工程師。火箭是一種兵器，火箭發射人造衛星進入太空，立即啟開了太空戰爭的序幕。星球大戰的計劃，太空軌道站的建立，以及軌道彈道的構想，頓時便成為我們研發太空軍備工作的新課題。把戰爭的火燄，引進太空，威脅地球上人類的生存，這並不是我們當年研發太空科技的真正價值與目的；保障並增進地球上全體人類之幸福與安全，才是發展太空科技的真正意義。因此自 1969 年阿波羅 11 號載人衛星登月成功以後，我們立即致力於太空科技的和平應用，對太空武器系統的發展與太空軍備競賽，我們決定不再做進一步的研究。

與范博士自相識相知，到共同發展及發射火箭，登上月球，共十餘年。1965 年美國決定任命我進入阿波羅載人衛星登月計劃之

核心組織之前，必須經過人事評審。經由他的推薦，我的人事檔案中有如下的一段記錄：

It is hoped that NASA can continue to benefit from the application of Dr. Liu's extraordinary talents to the problems of space science. The contributions which he can make are of vital importance to the success of NASA's present Apollo space project and planned space programs.

總之，阿波羅太空計劃的成功，已造成人類對地球及其他星體探討的興趣。新的太空科技已使我們既能探討及追索宇宙的開始和邊緣，更可以了解及研究地球的內部及環境。因此我曾試圖應用太空科技，去探討宇宙的開始、黑洞的形成、地震的祕密、海嘯的原因、氣象的變化、星體內部及地層內部資源的分佈。上窮碧落，下達黃泉，就是自 1977 年范博士逝世以後，我的太空科學研究工作的方向與領域。每一課題，都有一定的時空背景，這本回憶錄的下半部，就是記述在范博士逝世以後，我在太空飛行中心的科學研究成果。

第一次世界大戰後，「凡爾賽條約」對德國作戰用的飛機，坦克，大炮和機槍等軍事裝備做出了嚴格的限制。為了規避這些限制，德國陸軍炮兵局研發了一種超級火箭系統。德國元首希特勒（Hitler）早就著迷於中國北宋的火箭技術，1939 年他召見了火箭專家范布朗博士，並命令范博士計劃將火箭發射上天，布置一張火箭網，而後把地球上的國家，一網打盡！受國家元首希特勒之命，范博士在德國兵工廠內，大力研發大型火箭，在第二次世界大戰期間，德國總共發射了約 2400 枚 V1 火箭及 3200 枚 V2 火箭。倫敦，

美國國家航空及太空總署檔案照

華裔太空科學家劉漢壽博士

德裔火箭工程師范布朗博士

圖 14-1：德裔火箭專家范布朗博士的納粹情結。

巴黎，荷蘭及比利時因火箭攻擊，死亡約一萬五千人。迄至美國進軍歐洲，德國戰敗，范博士束手被俘，一位製造戰爭的火箭工程師，從此淪為戰犯。

　　經過幾次與范博士談話後，我覺得他對他青年時代的納粹情結，似有難言之隱。戴罪立功，以後他畢竟能將美國太空人送上月球。假如范博士當年沒有希特勒的支持及在德國陸軍兵工廠內，製造大型火箭之經驗及學識，他也就不可能在美國製造大型火箭，發射載人衛星，登月成功。因此，僅就太空科技發展的歷史觀點而言，范布朗博士開拓太空時代的功勛，與天地日月同輝，應受到世人的景仰。

　　火箭元勛范布朗博士與中國飛彈之父錢學森博士早年也曾有過一段見面之緣。他們的交談，對錢學森博士發展中國飛彈之構想，有深遠的影響。並促成了以後中國航天事業的和平崛起。

　　根據傳統的兵器構造原理，火箭不可能發展成為一種精密武器，因為火箭的初速，射程及精度，均無法達到彈道學上的要求。因此，在 1930 年代中，世界各國兵工廠都不曾研發或製造火箭。當年范布朗博士在他的飛天夢裡，突發靈感，相信超級火箭，可能發射彈道飛彈。深獲希特勒之賞識。於是，他進入德國兵工廠，領導兵器專家，製造巨型 V1 及 V2 火箭。1943 年夏，美國獲得情報，德國已在法國北海岸，建造巨型火箭發射場。美國兵工署立即商請加州理工學院馮卡門教授，評估火箭引擎發射長程飛彈之可能性。馮卡門教授根據情報，領悟火箭噴射推進之原理，建議利用兵工廠之設備，研發火箭引擎，發射長程飛彈。

　　馮卡門博士原係航空工程教授，專業空氣動力學及材料彈性力學。當年雖曾率領門生錢學森博士等從事火箭噴射之理論研究，但並無設計及製造火箭之學識與經驗。1945 年，二次世界大戰結束，

德國戰敗，范布朗博士被俘。馮卡門教授奉令組團赴歐，考察德國
火箭之研發設備和計劃。錢學森博士隨團赴德，協助馮卡門教授，
考問德國火箭元勛范布朗博士。此後馮錢兩博士始能破解 V2 火箭
在彈道，推進，材料，結構，導航及精度等方面之祕密。當年范布
朗博士以戰犯待罪之身，奉命向馮卡門教授及錢學森博士等，書面
報告火箭工作和未來展望。范布朗博士曾撰文描述他可預見的太空
飛行，人造衛星及太空船等遠景。這對錢學森博士返回中國以後，
啟發中國航天事業的構想，大有裨益。

　　范布朗博士被遣解至美國紅石兵工廠後，受命研製巨型火箭，
發射衛星，名揚天下。因有納粹情結，在猶太史家筆下，毀譽參半。
被稱為沒有道德指南針的火箭元勛。然而，錢學森博士自美返回中
國後，即仿效范布朗博士之規劃，領導中國兵工廠之精英，首先成
功的發展了飛彈武器。因有民族情結，被譽為中國飛彈之父。繼而
製造火箭，發射衛星，今日的中國航天事業，正在迎頭趕上。

十五、
衛星漏報中國唐山大地震之歷史真相

　　1970 年代，美國因外無蘇俄之抗衡，內有財經之困難，阿波羅（Apollo）載人飛行計劃逐漸縮小，演變成為太空梭發射系統，試射軌道地球物理觀測衛星及哈勃太空望遠鏡；大幅度調整太空計劃的重點與方向，研發通訊及資源衛星，保護地球，造福人類，定名為「地球任務」。

　　當年美國西部地震頻繁，預報地震，減少災害，乃科學當務之急。但是發生地震的確切原因及地點不明，地震無法預報。因此我曾試圖應用太空科技去了解地震之謎。

　　1975 年 2 月，中國遼寧省海城發生了大地震。地震前幾小時，遼寧省領導發佈臨震緊急預報，遼寧南部一百多萬人撤離出建築物。地震波及 36 個市，10 個縣，卻僅有 1300 人死亡。海城地震預報的成功，創造了歷史上的「世界奇蹟」。

　　美國西部加里佛利亞州，地處地層斷裂帶。從地震學觀點而言，舊金山及落杉磯兩大城市，天天都在地震恐怖之中。美國加州已佈下了天羅地網的衛星雷射及激光之接受站，預測並監視地震的前兆。當年加州理工學院（CIT）地球科學系主任亞倫（Allen）博士與麻省理工學院（MIT）地球及行星科學系主任卜來斯（Price）博士，驚悉中國海城地震預報成功以後，決定連袂去中國，實地考察華北地區的地震地質結構。當時我對北京、天津、唐山及張家口一帶的地質構造及地應力的關係，極感興趣，因為我已從衛星重力

信號中，覺察到該地區地層下，熔岩有流動的跡象。我的發現與構想，曾引起他們的注意及興趣。他們實地考察中國地震預報作業歸來以後，卜來斯博士即進入白宮，擔任卡特（Carter）總統首席科學顧問，當時在美國科學界，權重一時。亞倫教授曾來華府，邀約我在太空總署（NASA）餐廳，共進午餐，告訴我他們此行的經過與收獲。在午餐桌上，亞倫教授對我講述了如下的一個故事：

> 我們一行五人，飛抵北京首都機場，一下飛機，就看到了十幾年前的一位在加州理工學院（CIT）的研究生，他站在歡迎人群的行列中。當時我很擔心，也有點害怕。因為他在我的國家裡的時候，是被我開除，沒有給他學位。現在我來到他的國家裡，你可了解我的憂慮。事已至此，沒有辦法，我只好裝作沒有過去的那段恩怨，不認識他。經過歡迎行列，與他握手，他自我介紹，說他在加州理工學院（CIT）讀書時，他是我的學生。這次我們訪問中國，他全程陪同。我們要求去鄉村荒野，了解地震前兆發生的情況。晚上睡在農村的茅屋裡，木板床鋪，有點冷硬，但是心裡卻很是溫暖。我們問他，中國為何能準確的測出史無前例的海城地震之前兆，他很坦白的答道：『預測地震前兆，要到野外去觀察事物的異常現象，在實驗室裡是看不到的。』

午飯後，我們開始學術討論，我向他透露我的構想：預測地震前兆要到野外去找信息；探索地震的根源則需要去太空找信號。我出示了剛完成的一篇科學論文，「從太空看京、津、唐、張地區的地層變動」，這是一篇經典式的論著。但假設大膽，對傳統式的思維方式，具有革命性的突破。全文曾作出如下的結論：

(1) 唐山地區地層應力及應變的變動，乃由於該地區地層下熔岩移動所引起。熔岩移動將導致衛星重力異常，因此衛星重力信號的強弱，表示地應力或應變之改變，是為發生地震的前兆。

(2) 華北地層下熔岩對流之數學模式，可從衛星軌道參數的變動，推算出來。

(3) 從衛星重力變動的數據推算出來的地層應力，集中於唐山菱形的斷層地帶；其壓應力，張應力及剪應力的主導方向，極為明顯。

(4) 衛星重力信號顯示在唐山斷層地帶的壓應力，已達每平方厘米八千萬達因，是為地層破裂，發生地震的應力強度。

(5) 根據理論的地震模式推算，北京－唐山地區可能在 1980 年及 2280 年，發生 7.5 級以上之大地震。

(6) 根據地震地質及地應力之分析結果，如果北京－唐山地區在 1980 年前後發生大地震，也會有類似海城震之臨震前兆。

(7) 建議專群結合，立即展開北京－唐山地震監測網，捕捉地震的信息與前兆；發佈臨震預報，再度發揚海城地震預報之輝煌業蹟。

　　亞倫教授對這篇論文，深為賞識，稱譽為世紀論著。他建議立即將原稿送交地球及行星內部之物理學報，提請發表。同時他決定再度訪問中國，實地勘察北京唐山地區的可能地震前兆。因為他認為這是他一生難得的機會。

　　亞倫教授專業地震地質，醉心於科研工作，淡泊名利。執教於加州理工學院），學生遍五州。一生未曾結婚。

　　兩個月後，他再來華府，向中國駐美大使館請求入境簽證。以便實地勘察下次華北地區的可能地震前兆。不料中國大使館拒絕簽證，因為他上次訪華返美時曾過境臺灣，他的護照上蓋有臺灣中華民國的入境簽證印章。中國外交立場明確，臺灣是中華人民共和國的一省，不承認臺灣是一個獨立國家。因此拒絕在同一護照上加簽入境簽證。亞倫教授的計劃因此幻滅，他曾來哥達德太空飛行中心，問我有無「關係」或「門道」，能使他成行。

　　我建議他去美國國務院，申請護照作廢，繳納美金五元，購買一本新護照。他聽後立即辦理。兩天以後，便辦妥了一本美國新護照，準備送中國大使館，請求入境簽證。

　　亞倫教授準備將 1976 年 8 月訪問中國，在京－津－唐－張地區停留一個月，實踐我的太空預測地震的理論。

　　不料，我的論文於 1976 年 6 月 27 日被學報主編退回，拒絕發表。一個月後，1976 年 7 月 28 日 3 時 42 分，7.8 級的唐山大地震爆發了！

　　陰錯陽差，衛星預測唐山地震也因此漏報；
　　歷史為鑒，我只能祈盼悲劇不再在地球上重演。

　　唐山地震為我平反了！我的論文經重審後，終於發表在地球及行星內部之物理學報上。然而出版時間之延誤，使論文淪有「事後有先見之明」之譏。支加哥大學的陳屈西克（Chandrasekhar）教授，康乃爾大學的托卡特（Turcotte）教授及加州理工學院的亞倫教授，均表示有失公平，力主學報主編應說明延誤出版的原因，以呈現論文的學術價值。但此舉將使學報編輯委員會為難，並且學報主編朗肯（Runcorn）教授已答應將開設專欄，討論我對地震科學的觀點

與見解。風物長宜放眼量，我決定不再耗費心力與時間，為此事再作爭論。事實上，我已發現衛星在歐洲上空，也發出了重力異常的信號。靈機一動，抓住新的機會，我要在歐洲大陸上，展示中國海城地震預報的再度輝煌！

於是，我的研究注意力立刻從中國北京首都地區的唐山，轉向歐洲中部比利時（Belgium）首都布魯塞耳（Brussels）地區的列日（Liege）。

回憶至此，我必須說出我一生中最大的一個心結。2006 年是唐山地震 30 週年。卅年前，在中國預報海城地震成功以後，根據衛星重力信號，我曾警告唐山地區可能發生大地震。在同一地震地質的板塊內，受同一熔岩對流之影響，地應力集中在大面積的地層下。從理論而言，海城地震和唐山地震都應該有強烈的臨震前兆。但實際上，海城前震顯著，唐山則毫無臨震前兆的報導。因此我的論文雖已發表，但理論並無事實證明，我擔心這可能是科學探索過程中的偶然巧合。但亞倫（Allen）教授深信理論正確，他認為唐山大地震前沒有臨震前兆的報導，可能有其他人為因素，並不能否定我的理論的正確性。所以卅年以來，我一直在等待中國發佈唐山地震臨震前兆的記錄與真象。如此才能證明或否定我應用衛星預測地震的科研成果。

卅年來，我質疑地震學上的陳腔爛調，也懷疑中國地震工作者的失職與疏忽。海城地震預報的成功，使全世界對中國地震工作人員，奉若神明。一年以後，難道他們就沖昏了頭，得意忘形，造成了歷史上最大的唐山地震悲劇？

2006 年 1 月，我獲悉張慶洲先生著「唐山警世錄」出版。書中說明地震前確有臨震前兆與信號。我曾在華盛頓書店，託請郵購。三個月後，仍無法買到。迫不及待，我乃於 2006 年 5 月 14

日自美京華盛頓飛抵中國首都北京，購買了張慶洲先生著唐山警世錄及錢鋼先生著唐山大地震兩書。讀後如釋重負，即隨響導，驅車奔赴唐山，在唐山地震紀念塔前，向廿四萬英靈默哀悼念。

圖 15-1：唐山地震紀念塔

　　亞倫（Allen）教授當年的判斷：「唐山大地震前沒有臨震預兆，可能有其人為的因素，並不能否定你的理論的正確性。」至此才獲肯定。卅年後，我的理論得到證明，因此我才能為張慶洲先生的唐山警世錄，添寫新的一頁。

　　今日的唐山，已從地震廢墟中建設成為現代化的大都會。地震是天災，地震紀念塔警醒世人：人類應發展太空科學，預防地震，解救天災，不使唐山地震悲劇在地球上重演。

　　2006 年 5 月 15 日，我曾在這座唐山地震紀念塔的前面，向廿四萬死難英靈，作出更進一步的宣告：我已利用衛星重力掃瞄之方法，測定近唐山地區的渤海灣內，可能有深海大油田的存在。

十六、
衛星預報比利時列日地震之科學奇蹟

　　衛星探測唐山地震的論文發表以後，我的注意力即從亞洲轉向歐洲。衛星重力信號顯示：地面下廿公里的熔岩，集中流向比利時首都布魯色耳（Brussels）地區的列日鎮（Liege）之地層下面，產生地表應力。結合歐洲地質及衛星應力示意圖，我提出警告，歐洲大陸的西部地層內可能發生地震。這一警告，駭人聽聞。因為近四百年來，歐洲大陸西部，地層堅固，並無大地震跡象之記錄。

　　我將研究結果寫成論文，寄給地球及行星內部之物理學報主編朗肯（Runcorn）教授，申請發表。這次因為我有唐山地震論文的信譽，學報主編朗肯（Runcorn）教授，欣然接受。全文刊載於「地球及行星內部之物理」學報中。論文發表一個月以後，比利時的列日地震果然爆發了！

　　衛星預報地震的論文，很成功的測出了兩個地震地點：一是中國的唐山，另一則是比利時的列日。其差異則是：

　　　唐山地震發生在論文發表之前一個月。
　　　列日地震發生在論文發表之後一個月。

　　一個月之前之後，似是巧合。前者似是事後才有先見之明；後者則事先即有正確的警告。因此比利時列日地震的預報，乃如中國海城地震預報的再度輝煌。更為中國唐山地震的災害，提供了啟世的意義。

　　1983 年，我接獲了一份來自歐洲的電報，邀請我出席歐洲地震會議。同時比利時皇家科學院院長麥可爾（Melchior）博士，也寫了一封信給我，請我報告「衛星探測歐洲地下活動」的最近情況。信中並附有接待文件。於是我請祕書小姐，向太空總署（NASA）行政部門報備，並準備應邀，前往比利時。

　　我乘坐比利時皇家航空公司飛機，自美京華盛頓，飛抵比京布魯塞耳（Brussels），到達皇家天文臺地址的皇家科學院後，院長麥可爾（Melchior）博士親自接待，簡報皇家天文臺之歷史及皇家科學院之近況，並請我在貴賓簿上簽名，留作紀念。他約略的說明了最近幾位留名的貴賓的身份與地位，我乃受寵若驚的在名簿上簽上了我的中文姓名。

　　他問：「你有沒有回去中國？」

　　我答：「沒有」

　　他再問：「中國沒有請你去？我們都請你來了！」

　　我答：「大概中國還沒有找到我。」

　　他笑著說：「對！要想找到你，的確不是那麼容易。我們請你來比利時，美國太空總署（NASA）不答應。因為依照美國法令，你不能接受外國的錢財報酬或旅費補貼，因此我們只能用皇家飛機及皇家賓館接待你。」。

　　他又問：「你來比利時，在飛機上舒服嗎？」

　　我答：「我在華盛頓機場，即被引入貴賓招待室休息，上飛機後，坐特等坐位，一路非常舒服。」

　　他說：「現在皇家賓館已經為你的起居飲食，作好了準備。請你今晚好好的休息，因為明天我們要請你好好的發表一場講演。」

　　我問：「你要我講些什麼？」

他答：「你講什麼，我們都會感興趣，因為你最近發表的關於歐洲的地質地震論文，就是講我們腳底下將要發生的事情。幸虧我們先在你的論文中，得到啟示和警告，所以一經覺察列日有地震前兆，我們立即發佈了臨震警報，疏散列日居民，減少了人命的傷亡。明天上午，我們的國王將親自前來，聽取你的報告。」

然後我問麥院長：「明天你給我多長的演講時間？」

他說：「明天上午十時，會議開始，我作五分鐘的介紹後，整個上午，只安排你一人作報告。」

我感到事態很不平常，有點緊張，走出科學院，住進皇家賓館，專心準備第二天的學術報告。

第二天上午準時開會，科學院禮堂內座無虛席。主席作簡單介紹說：

「列日地震前一個月，世界行星及地球內部之物理學報，發表了一篇論文，警告比利時列日地區，可能發生地震。這篇論文的作者就是劉漢壽博士。劉博士祖籍中國，現居美國，在美國太空總署（NASA）從事科學研究工作。奉國王陛下之命，我請到了劉博士前來參加歐洲列日地震會議，為我們講述衛星探測歐洲地震活動的最近狀況，請大家鼓掌歡迎。」

配合衛星測得的地層 20 公里以下的熔岩對流的圖片，我很清晰的說明了海城，唐山及列日地層下熔岩對流的方向及模式。解釋了列日地震的根源。最後我感謝歐洲地震會議，肯定我對預測歐洲列日大地震的貢獻。

報告歷兩小時。完畢後，主席很高興的作出結論：

「劉博士對歐洲大陸列日地震預測的貢獻，乃是亞洲大陸海城地震，預測成功的再度輝煌。它已使中國唐山地震的慘劇，不再在比利時的列日城重演！」

全場聽眾肅然起立，再度報以熱烈的掌聲。

掌聲中，我領悟到唐山廿四萬英靈，在冥冥之中，曾給予我神奇無比之力量！

圖 16-1：比利時皇家科學院院長麥可爾（Melchior）博士。

麥可爾（Melchior）博士以比利時皇家科學院院長之身份，主持歐洲十一國地震會議，圓滿結束，達成了歐盟十一國集資研究及預報地震之計劃。我在會議中的主題講話，提高了各成員國的信心，使他的工作進行順利。對此他頗為感激。離開布魯塞耳回華盛頓前，我曾去他的辦公室，向他辭行。他手拿著我的那篇列日地震論文，講述了如下的一個故事：

列日地震的前兩天，我正在讀你的這篇列日地震論文，當時我對這篇論文，非常有興趣，因為你所談的就是我腳下的事情。第二天，皇家天文臺測得微弱的地震前兆，國王召我進宮，垂詢地震情況。我把你的論文中的圖解，呈獻國王。並告訴國王，一位美國太空總署的科學家，已由衛星測出列日地區，可能發生大地震。國王立即下詔，傳令列日全城，緊急疏散。國王並問我，能不能請這位太空科學家，前來告訴我們，衛星預測列日地震的最近情況。遵國王之命，所以我就發出了一封邀請信給你。

他繼續說：

列日地震爆發時，首都布魯色耳全城震動。地震發生後，新
聞記者聚集在科學院大禮堂，等候我的地震新聞發佈會。我
將你的論文中的圖解，複印了數十份，分發給記者團。第二
天，歐洲三大報系，都在報紙首頁，發表地震新聞，刊載了
你的論文中的預言和圖片。

說罷，他請祕書小姐，將不同的十份報紙交給我，作為紀念。
歐洲地震會議，歷時三天。哥達德太空飛行中心 1983 年年度
工作報告中，有詳盡的史實記錄，記述我應用地球重力變動的信
號，預報歐洲比利時列日大地震所作出的貢獻。

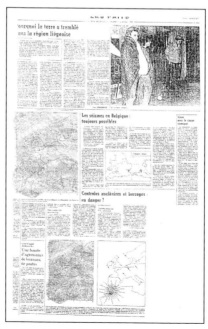

圖 16-2：1983 年 11 月 9 日，歐洲十大法文、德文及英文報紙，競相報導劉
氏地震理論，預報列日地震成功。

十七、地殼開裂理論：地震之謎

　　人類對地球內部的力量，茫無所知。只是從地震或火山的爆發，才知道這股力量，大得可怕。直至 1910 年，德國科學家魏格洛（Wagner）發表大陸漂移理論以後，地球動力學才開始突飛猛進的發展。首先魏格洛建立了他的「一個世界」的構想。他假設在 225 百萬年前，地球上的陸地，集中成為一超級大陸洲，意即「一個陸地世界」。後因地球內部某種力量的驅動，這一個陸地世界，開始破裂，成為十幾塊地層平板，浮在熾熱的熔岩上面，漂流而產生相對運動。地層平板的相對運動，可能形成五種狀況：（1）陸地向上升起，形成山脈；（2）陸地向下沉淪，形成海洋或盆地；（3）陸地向下俯衝，造成海溝；（4）陸地分離，造成海底擴張；（5）陸地滑動，導致地層不穩。到了 1960 年代，「一個陸地世界」及大陸漂移理論便演繹為地層板塊理論，廣為地質學界所肯定。

　　然而兩個基本科學問題，依然存在。一是何種力量能使地殼破裂，成為十幾塊地層平板？另一則是何種力量又能使十幾塊地層平板移動，在其邊境周圍發生地震？人類雖然已登上月球，並已發射探測儀器到太陽系之外，但是卻沒有方法進入地層下幾公里處，去探討地球內部的力量。因此地層板塊運動之理論，無法證明，地震之迷也就不能解破。這是科學上的一大挑戰！

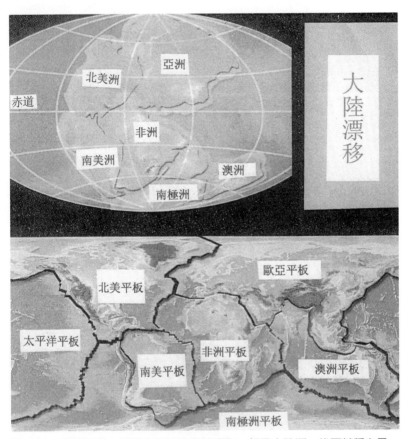

圖 17-1：兩億年前，地球上的陸地集結成為一超級大陸洲。後因某種力量，
　　　　　這一超級大陸被分離而形成今日地殼中的許多地層平板。

　　我曾接受這個科學挑戰，試圖達成美國太空計劃中的這一項
「地球任務」。

　　用衛星測量地球引力場，發現地球內部的密度不均勻。密度高
的地位溫度低，熔岩下降；密度低的地位溫度高，熔岩上升。地球
內部因此有熔岩對流的現象。根據地震資料及地質化學知識得知：
地殼岩石堅硬，地殼下的岩石則因熱而軟化，變成熔岩。外地心為

一球狀液態金屬體，主要成份為鐵與鎳，隨地殼旋轉，產生地磁。內地心則為一鐵與鎳組成的固態火球，比太陽表面的溫度還高，但因受地心部位的高壓力，由液態變成固態。

在經典的天體力學上，地球及其他星球都被考慮成為小質點。事實上，地球內部的構造，如此複雜，在繞太陽公轉及自轉的軌造上，受太陽及其他星球的吸引力之影響，將產生許多種不正常的動力現象：如地軸傾科，地極移動，地殼及熔岩旋轉之不調和，熔岩及地心邊境模式之擾亂等。

恰如意料，地球衛星的天體測量，揭開了這些地球內部的動亂祕密！

太空總署（NASA）為要證明愛因斯坦相對論，已有能力發射衛星，飛出銀河，達到宇宙的邊緣，這當然是「為天地立心」，「為往聖繼絕學」的實踐；為了達成「地球任務」，我提議應用衛星，探測地球內部的力量，以期預報天然災害，開發地質資源，這也是「為生民立命」，「為萬世開太平」的壯舉。於是我的建議，立即獲得批准及贊助。

我發表了幾篇有關地殼開裂的論文在世界「地球及行星內部之物理」學報，英國皇家天文學會「地球物理」學報，及美國「地球物理之研究」學報上。結論如下：

> 經過長年代的熔岩對流及地極移動之運作，離地面卅公里下的地殼底層，造成四面體，八面體，十二面體，甚至卅四面體的收縮或膨脹的形狀，而使地殼破裂成為板塊。因地殼底層的破裂痕跡與地層板塊形狀頗為相似，所以熔岩對流及地極移動，可能是地殼開裂及地層板塊運動的原動力。

　　這一科學論證，引起了當時學術界的注意。芝加哥大學陳屈西克（Chandrasekhar）教授約我討論，英國新堡大學朗肯（Runcorn）教授為我寫書評。美國地球物理學會會長斯皮浩士（Spilhouse）博士曾來到我的辦公室，向我表達他對我的研究工作的重視。他曾向美國大氣及海洋局（NOAA），致送備忘錄，推崇我的發現，更使我受寵若驚。

　　1973 至 1975 年間，我所發表的幾篇有關地球開裂的經典論文，假設大膽，立論新穎，方法嚴謹，影響深遠。為太陽系及生物基因的幾何結構，開拓了新的研究領域。魏科克（Wilcok）博士及其研究人員，曾依此作了進一步的推論。他們發現地殼開裂的幾何結構，也存在於太陽系中其他行星之上。如木星北極圈內有五角狀地帶，火星上有六邊形的冰帽，土星之雲也形成六面體，地球的中心呈十二面體形的結晶組織，銀河系中有十二邊形的組合，宇宙本身也有十二邊形的放射背景。現在又有十二面體的 DNA 結構，及蛋白質組成的「祕密十二面體的代號」。這當然都是廿一世紀的尖端科學論題。因此，從地殼開裂過程的探索，又引起了科學家們對大至宇宙，小至基因的幾何結構的興趣。

　　為了說明地殼開裂理論的實用價值，我在 1973 年的一篇論文中，曾用圖解指明下列五大地區，可能發生大地震，引起海嘯：

(1) 印尼的蘇門答臘

(2) 南太平洋所羅門群島地區

(3) 中美東南地區

(4) 日本及阿留申群島

(5) 阿拉斯加海灣

　　2004年歲末，印尼蘇門答臘9.2級大地震爆發，印度洋發生海嘯。最後才發現印度洋海底地殼開裂，長達千餘公里。這是大自然提供的一次試驗，證明我的地殼開裂理論可能是正確的。

　　東印度洋印尼地區地層板塊應力的釋放，將導至南太平洋地層板塊內應力的集中。假如我的地殼開裂理論是正確的，那麼下一次大海嘯地震，將會在南太平洋的所羅門群島地區發生。

　　此一狂妄之科學預言，有待將來事實的證明或否定。

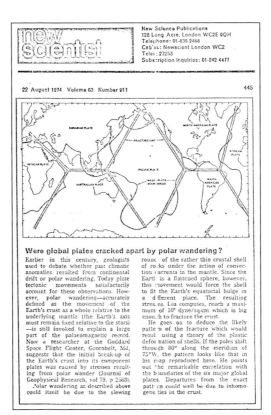

圖17-2：1974年8月22日倫敦科學出版社發佈劉氏地殼開裂理論之科學新聞。

十八、印度洋海嘯大地震啟世錄

2004 年 12 月 26 日，蘇門答腊的安達曼地區發生大地震，致使印度洋洋底開裂，長達 1600 公里，引起海嘯，波及印度洋周邊 11 個國家。大地震發生後，全球最新式的地震設備及海嘯網站，才開始操作及觀測。這些包括全球地震儀之振動，衛星海水平面之觀測，及衛星定位所釐定之地殼移動等。此一地殼開裂之能量，相當於幾百顆原子彈之威力，移動了約 1000 立方公里的海水，造成海嘯。海嘯遠達南極洲，美洲東西海岸，及北極海。印度洋水平面平均升高約 0.1 毫米。因海嘯而死亡的人數，高達廿五萬。

在此次地殼開裂過程中，全球最早獲得地震訊息的是位於美國夏威夷的太平洋海嘯預報中心。它是世界公認水平最高的海嘯災害研究機構。當地時間 25 日下午 2 時 59 分，該中心地震儀收到地震消息，顯示蘇門答腊附近海城，發生了 7 級地震。幾小時後專家們修正儀器記錄，確定為 9.3 級地震。專家們根本沒有意識到印度洋也會發生 9 級以上的大地震，造成地殼長程開裂，引發海嘯的大災難。全球也沒有任何地震機構，發佈海嘯地震的警報。直到電視新聞廣播，展示衛星攝取的海嘯照片，專家們才意識到事態的嚴重。

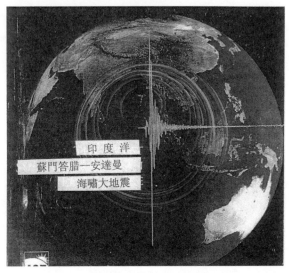

圖 18-1：2004 年印尼的蘇門答臘地區，地殼突然開裂，發生 9.3 級海嘯大地震。

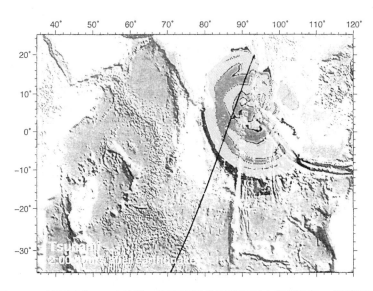

圖 18-2： 地震發生 2 小時後，印度洋發生局部海嘯之衛星照片。（直線表示
　　　　　衛星飛行路線）

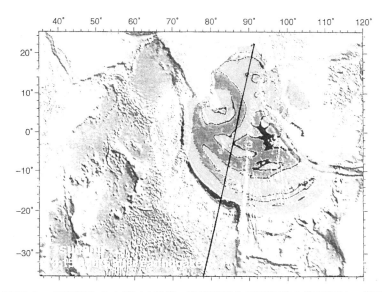

圖 18-3：地震發生 3 小時 15 分後，印度洋發生局部海嘯之衛星照片。（直線表示衛星飛行路線）

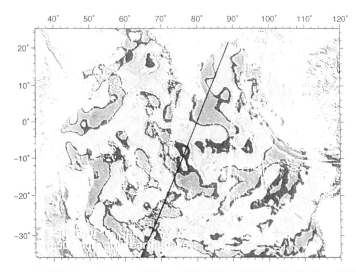

圖 18-4：地震發生 8 小時 50 分後，全印度洋發生海嘯之衛星照片。（直線表示衛星飛行路線）

　　事實上，地殼開裂的過程是這樣的。在地震發生後約一分鐘內，蘇門答臘地區，地殼自南至北的板塊邊緣，發生了約 100 公里的破裂，開裂速度為每秒 0.03 公里。假如到此為止，不再開裂，地震強度最大只能有 7 級，這是在這地區經常發生的地震強度，習以為常，不足為奇。所以全球地震臺站，均未發佈海嘯地震之預報。並且歷史上的大海嘯地震，都發生在太平洋「火環」的邊緣，印度洋的周邊地區，缺少海嘯預報系統。不料在以後的四分鐘內，地殼開裂速度達到每秒 3 公里，勢如破竹。然後才稍為緩慢。

　　在最後 6 分鐘內，地殼以每秒 2.5 公里的開裂速度，繼續向北開裂。因此印度洋海底地殼，在十幾分鐘以內，便爆破開裂，自南向北，長達 1600 公里。

　　事後檢討，2004 年印度洋大海嘯，突如其來，沒有臨嘯警報，致造成人間慘劇之原因有二：

(1) 第一階段的地殼開裂，速度緩慢，是為 7 級型地震，其強度不足引發海嘯，不必發佈臨嘯警報。

(2) 海嘯地震大都發生在太平洋周邊地帶，印度洋地區缺乏海嘯預報系統。

　　這兩個沒有臨嘯警報的原因，使研究海嘯的科學家們陷入沉思！

　　海底地震不一定都會引起海嘯。只有因地震爆發，地殼產生長距離的開裂，才可能造成海嘯。因此根據地殼開裂理論，預報全球可能發生大海嘯之地點，是海嘯預測計劃中的重點所在。

　　經過長年代的熔岩對流及極軸移動之運作，地殼底層產生了塑性破裂帶，地殼表面則產生了彈性破裂帶。全球塑性破裂帶與彈性破裂帶之交點，即為地殼最脆弱最不穩定之地段，可能發生地震，導至地殼沿彈性破裂帶而開裂，引起海嘯。我在 1973 年發表的「地

殼開裂理論」之論文中，曾明白指出印尼蘇門答臘，顯然是塑性與彈性兩帶的交點（見圖）。在此地區，一旦有地震發生，海底地殼即可能開裂，是為臨嘯前兆，因此海嘯警告，不可不報！

　陰錯陽差，專家們忽視了我在 1973 年發表的地殼開裂理論，因而 2004 年的印度洋海嘯大災難，沒有臨嘯警報。

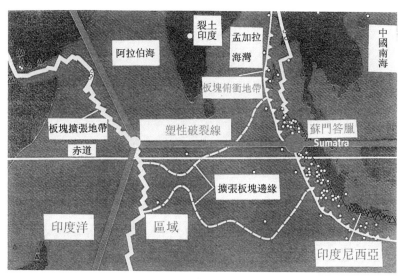

圖 18-5：地殼開裂理論示意圖。

　蘇門答臘（Sumatra）是地層表面板塊俯衝的彈性破裂地區（兩條平行的黃色齒狀線）及地層底面之塑性破裂地帶（紅線）之交點，也就是海底地殼開裂，引起海嘯之起點。東齒狀線代表板塊擴張地帶，西齒狀線代表板塊俯衝地帶。板塊擴張，向西擠壓，致使地殼沿俯衝線長距離開裂，造成海嘯。又代表板塊擴張的東齒狀線自北向南伸展至蘇門答臘而終止，故赤道以南的板塊俯衝地帶，沒有板塊擴張的態勢，不可能造成地殼長距離的開裂，因而導至海嘯的發

生。因此這一理論也可說明：為什麼 2007 年 9 月 12 及 13 兩日在
蘇門答臘發生的朋古魯及巴東大地震（8.4 級和 7.8 級），沒有造成
大海嘯。蘇門答臘赤道以南地區，應力集結，尚未解除。將來可能
發生大地震，但不會造成海嘯。

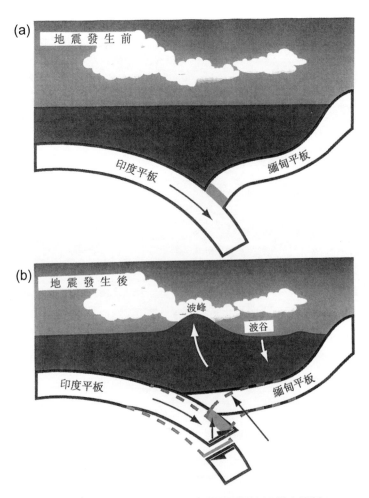

圖 18-6：引發 2004 年 9.3 級印度洋海嘯大地震之機制。

十九、印度裂土地震警世錄

　　1984 年世界地球物理年會在印度召開。當時印度總理甘地夫人執政，召請各國科學家對印度資源的開發與天然災害的預防，獻言獻策。我於是年 10 月 29 日，應邀飛抵印度首都新德里，參加會議。不料開會前三小時，突然宣佈甘地總理被刺身亡，全國哀悼，舉行國葬，故使會議延期三天。當時謠傳，甘地夫人被刺與美國中央情報局有關，印度仇美情緒高昂，全國大規模舉行反美示威運動。美國準備撤僑，我在旅館接到美駐印大使館通知，不得外出，以免意外。後移住印度國家科學院招待所，接受保護。住招待所期間，連續三天看電視上的國葬畫面。火葬儀式開始後，由其子點燃火炬，甘地夫人在烈火濃煙中，化為灰燼。全國民眾，下跪痛悼，足證甘地夫人乃印度人民心目中受尊敬的領袖。

　　三天國葬完畢，地球物理年會開始。我宣讀了一篇有關印度大陸地殼變形的地球動力模式的論文，說明印度裂土（Latur）地區的地殼下，有一股向上湧起的熔岩，可能引起張應力集中，產生地震。此與中國唐山地區之壓應力集中，有相同之處。與會的科學家們對我的衛星探測地層應力的方法，頗感興趣。對我的唐山與列日地震的動力模式也很滿意。但對印度裂土地區地層下熔岩上升，則採取了「歸擋存查」的態度，因為裂土遠離地殼板塊之邊緣，地層穩定，並無地震之痕跡或記錄。

　　1993 年 10 月，印度裂土大地震爆發，死亡十餘萬人。中國唐山地震的悲劇，十七年後，又在印度的裂土重演。

　　舉世公認，地殼板塊理論可能解釋為地震之根源。但是 1993 年印度的裂土（Latur）地震的成因，卻與板塊理論完全不符。因裂土地處印度地層平板之中心部位，遠離任何板塊之邊境。印度地質部米施那（Mishra）博士曾於 1993 年發表科學評論，說明只有劉氏熔岩對流理論才能解釋印度裂土地震的根源。因此應用衛星遙測熔岩流動之科學價值，再度獲得肯定。

　　米施那博士於 1993 年 10 月 15 日在印度新德里日報發表的科學專題報導，中文翻譯如下：

解釋印度裂土地震根源的新理論

　　最近印度裂土地區發生了大地震，十萬餘人死亡。這樣的事情，在印度大陸從未發生過。地殼內部儲積的應力，一旦突然解除，才會發生地震。因此產生地震有兩個必要的條件：（1）要有產生應力的能源。（2）要有解除應力的機制。

　　一般而言，地殼板塊理論可解釋印度北部地震的根源。地球的地殼部份，乃由十幾塊地層平板組成。200 萬年前，地球上的陸地集中在一處，印度和非洲是一片整體的大陸地；西藏也是今日歐洲的一部份。印度與西藏之間則是一寬約 700 公里的海洋。180 百萬年前，這整塊大陸開始破裂，印度從非洲分離出來，向北漂流到西藏，大海也漸漸消失。印度旅行了 7000 公里，到達現在的地位與西藏相撞。這一相撞過程，迄今仍在進行中，即印度地層平板仍在歐亞地層平板之下，向西藏俯衝！這一俯衝使印度及歐亞兩地層平板的交界區域，儲集應變，產生應力。於是在喜馬拉雅山下的斷層地

帶，有時因舒解應力而發生地震。這就是印度北部及喜馬拉雅山脈地帶，經常發生地震的原因。

但是裂土處於印度地層平板的中心地區，遠離地殼板塊的任何邊界。像這樣板塊中部的地殼，應該是古老堅固的整體岩石結構，不會發生地震。所以這次裂土地震發生的機制，也應該與地殼板塊相撞之假說無關。科學家於是被迫質疑板塊相撞之說，不得不開始另找此一地震的真正原因。在許多的提議中，以美國哥達德太空飛行中心劉漢壽博士所提議的熔岩對流模式，最為成功。

根據劉博士的理論，地球內部有三層結構，即是地殼，熔岩與地心。如眾所知，地球內部溫度隨深度而增加，到達某一特定的溫度時，岩石將被熔化，變成岩漿，是稱熔岩。因各處熔岩溫度不同，熔岩乃產生熱力流動，是謂熔岩對流。應用衛星重力數值之變動，劉博士已測出全球熔岩向上或向下之對流模式。熔岩向上或向下的流動，會使地殼產生應力場。熔岩上升，如能突破地殼，便造成火山；但是上升的熔岩如被地殼擋住，則會在地殼下向不同方向展開。劉博士的地殼應力圖顯示出亞洲地層下熔岩對流所產生的應力系統：從一點向外分散的箭頭顯示熔岩上升的中心；向一點集中的箭頭則顯示熔岩下降的位置。一看劉博士的地層應力圖，便立即發現，印度地殼中部的穩定地區，即是熔岩上升之點。事實上，劉博士在他的 1980 年有關亞洲地層應力的論文中，即已指明印度地殼中部存在有巨大的張應力。此一地層張應力的集中，乃由於熔岩上升所引起，可能導至地震的發生。

熔岩上升所產生的地殼張應力的中心，與熔岩下降所產生的地殼壓應力的中心，都是孕育地震的地帶；但是火山爆發，卻只限於熔岩上升所產生的張應力的中心的地區。劉博士的中國地層應力圖，很顯明的說明了此一事實。

中國大陸的 1976 年唐山大地震，震中在歐亞板塊的中央部位；印度大陸的 1993 年裂土大地震，震中也在印度板塊的中央部位，所以只有劉博士的新熔岩對流理論，才能解釋印度裂土地震與中國唐山地震的根源。

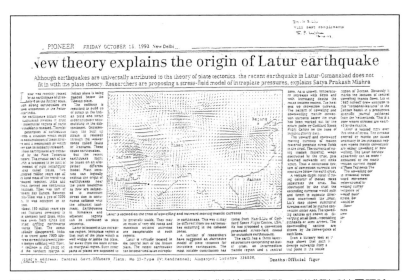

圖 19-1：1993 年 10 月 15 日印度首都《新德里日報》，引述劉氏地震理論，解釋印度裂土地震之根源。

二十、冰河之天文週期：科學之謎

十九世紀末葉，地質學家發現，兩萬年前地球曾進入冰河時期。深厚的冰層覆蓋在北半球的地面上。是什麼機制能使冰層堆積而擴張至半個地球？為什麼冰層堆蓋半個地球之後而又消退？最引人注意的是：下次冰河時期何時到來？這都是冰河之謎中的科學問題。

一個半世紀以來，地質學家提出了許多解釋冰河之理論。這些理論都不能解釋冰河週期之謎，因為理論局限於冰層本身，而沒有了解到冰層只是全球氣候系統之一部份。這一個氣候系統包括冰層，海洋與大氣三大因素的交互作用，如果一個因素有區域性的變化，其他因素可能產生全球性的反應。

另一方面，天文學家也相繼提出冰河的天文理論。1864 年，蘇格蘭出生的天文學家克羅（Croll），發表了地球軌道的氣候理論。他發現地球軌道的橢圓率之變遷與氣候之變化有關。但是歐美地質學家，對克羅的天文理論，深為不滿，認為這只是歷史上的好奇，有興趣但不適用。至十九世紀末，冰河的天文理論差不多被科學界遺忘了。克羅的天文冰河理論，從此便成絕學，無人繼承。

圖 20-1： 克羅博士的天文冰河理論被地質學家否定。

1904 年，米蘭科委池（Milancovitch）獲得維也納理工學院博士學位後，即應聘擔任數學教席。他到任後，向同事宣佈，他將傾一生精力，發展一項數學理論或模式，描述地球，火星及金星上現在及過去的氣候變遷。只有偉大的天才思想家，才敢作如此大膽的計劃。非但如此，他還有信心的準備以三十年的時間，去完成他的人生計劃與使命。他有深厚的數學基礎，嚴謹的天文訓練，廣泛的地質知識及基本的物理素養。在長達三十年的歲月裡，他憑藉著這些優越的條件，克服了重重困難，為解釋冰河之謎，他作出了下列四大貢獻：

(1) 繪出地球及其他行星的軌道形狀，並描述其變遷過程。

(2) 計算在不同季節及不同緯度上太陽輻射熱到達地球，火星及金星表面之能量。

(3) 導出地球，火星及金星過去氣候變遷的數學公式。

(4) 計算冰層對太陽輻射熱量變動之反應。

從上述四大研究成果中，他獲得如下的重要結論：

在過去一百萬年中，地球曾經過大大小小約 85 個冰河時期。
大冰河週期為十萬年，起源於地球軌道橢圓率的變動。
中冰河週期為四萬年，起源於地軸傾斜角度的更改。
小冰河週期為 2.3 萬年，起源於地球進動之影響。

米蘭科委池的天文冰河理論是一部經典的科學著作，深獲天文學界的支持。但許多氣象學家仍提出激烈的反抗。他們批評這一理論，只考慮到太陽輻射熱量的均衡，而忽略了大氣及海洋對熱的傳

導。更有人指出理論中的計算部份，也有不著實之處。如冰河時期的夏天溫度比現在冷 6.7 度，這很合理；但冬季溫度比現在熱 0.7 度，這一點使科學家不能同意，也不能接受。基於理論上的基本質疑，這一部經典式的天文著作，被批判得遍體鱗傷！

1946 至 1949 年間，利用芝加哥大學利比（Libby）教授所研發的放射性碳化合物年代考證的新技術，全球地質學家曾考證最後一次冰河時期的年代。他們發現美國中西部，加拿大東部，及歐洲大陸的冰河遺跡，與天文理論中推算的冰河年代，完全不符。這一系列的全球冰河年代考證的試驗，是對天文冰河理論致命的一擊。因此米蘭科委池的天文冰河理論，乃被全盤否定。

在此情況之下，米蘭科委池仍巍然不動。他申辯道：

> 我不考慮對無知者給予基礎教育是我的責任；我也從來沒有強求人們接受我的理論。我的理論是像天衣無縫，完美無疵！

堅持和執著的科學精神，令人敬畏！難道利比教授的放射性碳化合物年代考證法仍不夠精確？

在芝加哥大學的實驗室裡，原子能研究用的同位素年代考證的設備與原理，可用以尋求地球歷史問題上的基本地質答案。當時該大學有兩位諾貝爾級化學大師，對此問題均感興趣。除利比教授外，另一位就是尤里（Urey）教授。尤里教授認為利用氧原子去鑑定過去的海水溫度，很有可能。在海水裡有兩種不同的氧原子：「氧 18」及「氧 16」。他的理論是：過去海水溫度的變遷，可從計算「氧

18」對「氧 16」的比例數字中獲得。他的研究生密里安尼（Milianey）等，應用這一方法，於 1955 年分析了八條深海冰柱，將結果發表在地層學報上，為冰河問題之研究，樹立了一塊里程碑。論文結論指明，過去海水溫度之升降，顯然有三大週期：

10 萬年、4 萬年及 2.3 萬年。

這三大由試驗測出的冰河週期，與米蘭科委池天文理論中的三大冰河週期，相互吻合！

尤里教授慶幸學生的試驗工作成功，利比教授也公開承認氧原子試驗方法的優越性，費米（Fermi）教授更是喜出望外，他沒有預料到，芝加哥（Chicago）大學主持的原子同位素年代的鑑定工作，竟能成功的將天體軌道的運行，與地質年代的變遷，結為一體，解釋了廿世紀科學之謎之一：冰河週期之謎。

在三位諾貝爾級化學大師及物理大師的盛讚與賞識之下，塵封多年的米蘭科委池的天文冰河理論，又開始發出耀眼的光輝。全世界科學界對米蘭科委池博士，更是奉若神明。1958 年他在人生榮耀的巔峰狀態中，溘然長逝，享年 79 歲。

但是，這並不是故事的結束，而只是故事的開始。

米蘭科委池博士年輕時預料，他需要三十年時間，去完成冰河問題的計算工作。由於電腦的迅速發展，米氏三十年的計算工作，不需三小時即可完成。因此任何有關冰河的年代問題，電腦操作，幾十分鐘以內，即可答覆。

科學界對天文冰河理論中最不可思議的問題是：

地球軌道橢圓偏心率極為微小，真能產生劇烈的氣候變化，
將地球冷凍成為一個冰球嗎？

經過電腦反覆計算之結果，得出結論：

地球軌道橢圓偏心率確有十萬年週期之改變，但對氣候改變
的影響，極為微小。決不能為地球打造一個冰河時代。

因此自 1970 年代末至 1980 年代初，米蘭科委池的天文冰河理
論再度被冷落而遭摒棄。

米蘭科委池的冰河天文理論的基本錯誤到底在那裡？在過去
的一百萬年中，到底是什麼原因，曾使地球十次進入大冰河時代？

哥達德太空飛行中心是計算天體軌道的發祥地和大本營。1980
年代美國太空計劃將氣候衛星的研究與發展，列為「地球任務」之
一。因此天體軌道學家與氣象學家聚集在同一機構。但因科學門戶
之見不同，彼此很難相處。軌道學家專精於古氣候的長期變遷，氣
象專家則注重短期的氣候預報。如何才能引用近代氣象衛星的研發
成果，去了解古氣候學中的冰河之謎。這是美國太空計劃中「地球
任務」的使命。

最後一次的冰河遺跡，竟全盤否定了米蘭科委池的似是而非的
天文冰河理論。是軌道理論有問題，還是地質年代鑑定有差錯？
1980 年代，科學界爭辯激烈。冰河週期，仍是科學之謎，無法破
解。1990 年我將我的研究注意力全部集中於這個問題上。首先我
結合地球軌道參數的三個聯立運動方程式，找出諧動條件，然後在
諧動條件下，計算太陽輻射熱流入地球之變動，進而獲得百萬年來
氣候變遷之圖解。理論結果與試驗數據相互吻合。我發現地軸傾斜

角的幅度週期為四萬年，其頻率
週期則為十萬年。這一強大的頻
率調節，即是氣候產生十萬年大
冰河週期之物理機制。克羅及米
蘭科委池的天文冰河理論中所發
現的十萬年軌道偏心率的變化，
只是科學探索過程中的巧合，並
不是產生十萬年大冰河週期的真
正原因。

圖 20-2：米蘭科委池博士的天文
冰河理論被氣象學家
推翻。

　　有關我的地軸傾斜角頻率調
節的冰河理論，都已發表在氣象
學報及地球物理之研究學報
中。1992 年 7 月 30 日的倫敦自然
學報也曾發佈科學新聞，報導此一發現。20 世紀科學之謎之一
（冰河週期之謎）至此才被我揭破。（註：中國黃土高原下的地
質資料，保存了古氣候變遷的記錄，證明我的新天文冰河理論是
正確的。）

附註：
1992 年 7 月 30 日英國倫敦自然科學學報發佈有關劉漢壽氏天文冰河理論。
此一新天文冰河理論，已為現代地質學界及氣象學界所肯定。

英國自然學報之科學新聞報導，中文翻譯如下：

軌道內的改變

根據米蘭科委池的天文冰河理論，地質氣候記錄中的十萬年冰河週期與地球軌道偏心率的變動相符合，但軌道偏心率的變動對太陽輻射熱進入地球的影響，非常微弱，不能改變氣候，致使地球冰凍。現在劉漢壽證明，地球軌道傾斜角（即地球旋轉軸與地球軌道面之夾角）的四萬年的幅度週期中，有一強大的十萬年的頻率週期的調節。因地球傾斜角的改變，乃氣候變遷的重要因素，故此一強大的頻率調節，在過去一百萬年中，曾驅使地球進入十大冰河時期。全文見 397 頁。

原文內容：

nature

30 July 1992
Vol. 358 Issue no. 6385

. . . THIS WEEK . . .

Changes in orbit

The 100,000-year ice-age cycles in the geological climate record coincide with variations in the eccentricity of the Earth's orbit, but the probable effects on incoming solar radiation seem too small for the climatic effects observed. Han-Shou Liu now shows that the orbital obliquity — the angle of the Earth's rotation axis to the orbital plane — has a 100,000-year frequency modulation superimposed on its cycle of 41,000 years. As the obliquity is a much more powerful determinant of climate, this 'FM' signal could drive the 100,000-year cycle. Page 397.

nature

30 July 1992   Vol. 358 Issue no. 6385

Frequency variations of the Earth's obliquity and the 100-kyr ice-age cycles

Han-Shou Liu

NASA/Goddard Space Flight Center, Geodynamics Branch, Greenbelt, Maryland 20771, USA

VARIATIONS in the Earth's orbital parameters modulate the seasonal distribution of solar radiation and thereby induce changes in the Earth's climate[1]. Periodicities in the geological climate record with cycles of 100, 41 and 23 kyr have been linked with changes in eccentricity, obliquity and precession of the equinoxes, respectively[2,3]. But although the eccentricity does vary with a 100-kyr period, the effect on the incoming solar radiation is rather weak relative to the signals from obliquity and precession variations. The 100-kyr signal in the climate record should therefore be of negligible intensity, yet it is observed instead to dominate the record. Internal, nonlinear processes within the climate system have been proposed to account for this fact[4-14]. In contrast, I show here that variations in the frequency of the obliquity cycle can give rise to strong 100-kyr forcing of climate.

Variation of the orbital obliquity is governed by[2]

$$\varepsilon_{(t)} = \varepsilon + \sum_{i=1}^{N} A_i \cos(\omega_i t + \beta_i) \qquad (1)$$

where $\varepsilon_{(t)}$ is the obliquity, and A_i, ω_i and β_i are the amplitude, mean frequency and phase angle for each component, respectively. The initial value of ε is 23.320556° and time $t = 0$ refers to AD 1950. From astronomical solutions for variation in the Earth's orbital elements[2], the variations of the obliquity can be calculated from equation (1). The results are as follows. During he past 10^6 years, the obliquity has oscillated for 24.57 cycles with a mean period of $T_0 = 40.7$ kyr. Two groups of longer- and shorter-period oscillations with mean period of ~42.2 kyr and 38.9 kyr (below the normal mean T_0) have occurred intermittently. The maximum values of the obliquity occurred at −9, −49, −92, −132, −171, −213, −252, −296, −334, −374, −416,

−457, −499, −538, −579, −621, −663, −702, −743, −785, −827, −869, −906, −949 and −989 kyr; and the minima at −29, −70, −112, −150, −192, −232, −274, −316, −353, −396, −436, −479, −518, −558, −600, −642, −683, −722, −764, −805, −849, −887, −927, −970 kyr. In the longer period of oscillations, the glacial phases are ~4 kyr longer than the deglacial phases. Finally, a special group of 12 obliquity oscillations has an asymmetry such that the part of the cycle that has higher tilt is shorter than the part that has lower tilt. Consequently, the period or frequency of the obliquity variation is not constant. This variation of obliquity frequency may have considerable dynamical implications because the longer glacial phases in the cycles with longer periods would produce larger ice-age ice sheets or glaciers. Most important, the special set of the 12 asymmetrical cycles, in which the deglacial phases are ~3.5 kyr shorter than the normal mean value of $T_0/2$, may accelerate the warmer summer seasons and cause rapid deglacial melting. Therefore, frequency variation in the Earth's obliquity may be an important link between the astronomical theory of climate changes and the 100-kyr glacial cycles.

The concept of the instantaneous frequency of planetary motions[15] is useful for understanding the dynamical behaviour of planetary rotation[16,17] and libration[18,19]. Inspired by the time-frequency idea for investigation of planetary motions, I have applied this method to analyse the Earth's obliquity data and discovered that the frequency variation of the obliquity has a period of 100 kyr. To analyse the effect of these frequency variations on climate changes, we can express equation (1) as[20,21]

$$\varepsilon_{(t)} - \varepsilon = \sum_{i=1}^{N} A_i \cos(\omega_i t + \beta_i) = A_{(t)} \cos \Phi_{(t)}$$
$$= A_{(t)} \cos[\omega_0 t + \phi_{(t)}]$$
$$= A_{(t)} \cos \omega_{(t)} t \qquad (2)$$

where $A_{(t)}$ is the amplitude, $\Phi_{(t)}$ is a phase function, $\phi_{(t)}$ is phase angle, $\omega_0 = 2\pi/T_0 = 0.1543783$ rad kyr^{-1} and $\omega_{(t)}$ is the instantaneous frequency. Equation (2) formulates the obliquity variation for angle modulation which can be analysed in terms of frequency modulation. This is a form of angle modulation in which the instantaneous radian frequency $\omega_{(t)}$ is equal to a constant radian frequency, ω_0, plus a time-varying component $\Delta\omega_{(t)} = d\phi(t)/dt$. Unlike the conventional analysis of orbital forcing which uses only Fourier transformation to produce a power spectrum, this method of frequency modulation can actually determine the dominant frequency from the instantaneous frequency spectrum and predict the time of occurrence of the main rapid melting and prolonged glaciation events.

By applying signal processing methods[?], we can determine the frequency variation $\Delta\omega_{(t)}$. The results of calculations of $\Delta\omega_{(t)}/\omega_0$ from equation (2) are shown in Fig. 1a and b, where

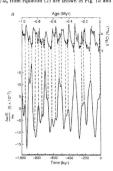

a

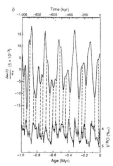

b

FIG. 1 a, Correlation between the maximum rates of frequency variation in the Earth's obliquity and rapid melting events in the geological climate record[23]. b, Correlation between the minimum rates of frequency variation in the Earth's obliquity and large glaciation events in the geological climate record[23].

positive and negative values of $\Delta\omega_{(t)}$ represent higher and lower frequency of obliquity variations than the mean value of ω_0, respectively. The time intervals for the faster and slower rate of change of the obliquity are thus determined.

As shown in Fig. 1a and b, the input signal of frequency variation of the obliquity is compared with the output geological climate record[23]. The time intervals at which the maximum values of frequency variation occurred are virtually related to the initiation of rapid deglacial melting, and the time intervals at which the minima occurred seem to be associated with the initiation or prolongation of principal ice ages. The spectrum of this time series is illustrated in Fig. 2. A prominent peak is seen at 100 kyr, as might be expected. In addition, there are peaks at 22, 41 and 185 kyr. The first two peaks have relatively low intensities with negligible significance. The origins of the primary 100-kyr peak and the secondary 185-kyr peak pose a problem in celestial mechanics.

The prominent 100-kyr peak in the frequency variation spectrum is of particular interest because it coincides with the anomalous 100-kyr peak in the spectrum of ice-age data. For the present problem, the origin of the 100-kyr peak in frequency variation is not the fundamental issue. The question is how any variation in the orbital elements causes nonlinear response of climate changes which may be associated with frequency variations in the obliquity. Therefore, to prove that frequency variation is responsible for rapid melting as well as large glaciation, physical processes are needed to translate these variations in obliquity frequency into a climate response.

To establish such a link, the time interval for the high obliquity and that of the high-frequency variation rate of the obliquity must be coincident. Under this condition, the Earth would enter the high-obliquity state sooner (~2 kyr), with an accelerated warmer summer season in northern high latitudes. This accelerated warmer season may cause rapid melting. To test this criterion, I define an index for rapid melting as an indicator for the time of the maximum obliquity coinciding with the time interval for the maximum frequency variation rate. These indices for rapid melting, I_m, are -9, -132, -213, -334, -416, -538, -579, -621, -702, -785, -869 and -949 kyr. These indices are plotted in Fig. 3 to predict the initiation of rapid melting.

From another point of view, the rate of frequency variation of the obliquity can also be shown to be responsible for the major ice ages. The physical mechanism is as follows: to produce

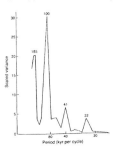

FIG. 2 Frequency variation spectrum of the obliquity.

NATURE · VOL 358 · 30 JULY 1992

the large ice sheets that are known to have existed, the low obliquity and low rate of frequency variation must occur in the same time interval. The Earth is constrained by this to remain the low-obliquity state with a prolonged cool summer season in northern high latitudes. The prolongation of the cool summer season (up to 3 kyr) will certainly produce large ice-age ice sheets. Again, I define an index for large glaciation as an indicator for the time of the minimum obliquity coinciding with the time interval for the minimum rate of frequency variation. The time indices for large glaciation, I_g, are −70, −192, −274, −396, −479, −558, −600, −642, −764, −849, −927 and −970 kyr. These time indices are also plotted in Fig. 3 to predict the initiation or prolongation of large glaciation.

The agreement between the indices for rapid melting and large glaciation (I_m, I_g) found here, and the events of rapid melting and large glaciation in the geological record of climate changes as shown in Fig. 3, seems to verify the theory that the variation of the obliquity frequency is a principal forcing function for the 100-kyr ice-age cycles. Of course, the conditions for I_m and I_g are constrained by other orbital elements such as eccentricity and precession cycles. For instance, the incorrect and missing prediction of the initiation of large ice ages at −320 kyr and −680 kyr is attributable to the result of the amplitude modulation of the precession by the eccentricity[24].

The importance of the obliquity frequency variation cycles in the excitation of the 100-kyr ice-age cycles has been examined by means of cross-correlation in the time domain. A correlation study shows that the main events of the rapid melting and prolonged glaciation in the 100-kyr ice age cycles lag behind the indices I_m and I_g in the 100-kyr obliquity-related cycles by ~2.4 kyr and 3.8 kyr, respectively.

I have done a further series of analyses of orbital data to test the coupling effect of the time indices (I_m, I_g) and the eccentricity. For the main melting events, the time indices I_m coincide with the maximum values of variation of the eccentricity. For the main glaciation events, however, the time indices I_g are not related to the minimum values of the eccentricity. These findings may provide a way of discriminating between the obliquity-related 100-kyr period and the 100-kyr cycle in the eccentricity. According to principles of celestial mechanics[25], variations in the Earth's obliquity are produced by a coupling between the motion of its orbital plane due to the gravitational perturbations of the other planets and the precession of the spin axis which results from the solar torque exerted on the Earth's equatorial bulge. Variations in the magnitude of this solar torque are determined by the instantaneous distance from the Earth to the Sun, which is governed by the eccentricity. Therefore, the frequency variation of the obliquity may be partially controlled by the eccentricity in an intriguing way. It can be argued[26] that the maximum rates of frequency variation of the obliquity can occur only when the eccentricity is high. The minimum rates of frequency variation, however, can occur regardless of the magnitude of the eccentricity. If this interpretation is correct, the 100-kyr cycle in eccentricity could not be the forcing mechanism for the formation of the 100-kyr glacial cycles; it can be considered only as one of the parameters that help to produce the 100-kyr cycle in rapid melting.

Finally, the dilemma of the 100-kyr ice-age cycle during the past million years is further complicated by the observation that before ~1 million years ago the 100-kyr cycle in global climate was far less important. The effect of frequency variations in the obliquity on climate changes before 1 million years ago is being tested. □

Received 24 October 1991; accepted 4 June 1992.

1. Milankovitch, M. Konigl. Serb. Akad. Beograd. Spec. Publ. 132, (1941). (Engl. transl. Program for Scientific Translations, Jerusalem, 1969).
2. Berger, A. L. Nature 269, 44–45 (1977).
3. Hays, J. D., Imbrie, J. & Shackleton, N. J. Science 194, 1121–1132 (1976).
4. Imbrie, J. & Imbrie, J. Z. Science 207, 943–953 (1980).
5. Pollard, D. Nature 272, 233–235 (1978).
6. Pollard, D. Nature 296, 334–338 (1982).
7. Oerlemans, J. Nature 287, 430–432 (1980).
8. Peltier, W. R. Adv. Geophys. 24, 2–146 (1982).
9. Shackleton, N. J. et al. Nature 307, 620–623 (1984).
10. Ruddiman, W. F. & McIntyre, A. Geol. Soc. Am. Bull. 95, 381–396 (1984).
11. Saltzman, B., Hansen, A. R. & Maasch, K. A. J. atmos. Sci. 41, 3380–3389 (1984).
12. Weertman, J. Nature 261, 17–29 (1976).
13. Hyde, W. T. & Peltier, W. R. J. atmos. Sci. 44, 1351–1374 (1987).
14. Birchfield, G. E., Weertman, J. & Lunde, A. T. J. atmos. Sci. 39, 71–87 (1982).
15. Liu, H. S. & O'Keefe, J. A. Science 150, 1717 (1965).
16. Laslett, L. J. & Sessler, A. M. Science 181, 1384–1385 (1966).
17. Jefferys, W. H. Science 152, 201–202 (1966).
18. Liu, H. S. & Chao, B. F. Geophys. J. Int. 106, 699–702 (1991).
19. Chao, B. F., Dong, D. N., Liu, H. S. & Herring, T. A. Geophys. Res. Lett. 18, 2007–2010 (1991).
20. Brook, H. S. Modulation Theory, 363 (Van Nostrand, London, 1975).
21. Ingard, K. U. Fundamentals of Waves and Oscillations, 591 (Cambridge Univ. Press, New York, 1990).
22. Brook, D. & Wynne, R. J. Signal Processing, 308 (Edward Arnold, London, 1988).
23. Shackleton, N. J., Berger, A. L. & Peltier, W. R. Trans. R. Soc. Edinb. Earth Sci. Rev. 81, 251 (1990).
24. Vernekar, A. D. Meteorological Monographs 12 (Am. met. Soc., Boston, 1972).
25. Ward, W. R. Science 181, 260–262 (1973).
26. Bills, B. G. J. geophys. Res. 95, 14137–14153 (1990).

ACKNOWLEDGEMENTS. I thank B. G. Bills and B. F. Chao for discussions and C. Wade for computation.

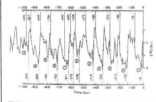

FIG. 3 Time indices for rapid melting (I_m) and large glaciation (I_g), calculated from the input obliquity signal, predict major events of rapid melting and large glaciation in the output geological record of climate changes[23]. (Solid lines represent I_g; dotted lines represent I_m; numbers in circles represent the sequence of glacial stages.)

二十一、
遠古氣候之天文變遷
與近代氣象之溫室模式

　　我的新天文冰河理論證實了最後一次冰河時代的地質數據。但是理論的建立是在實驗數據發表以後才獲完成。因此氣候學家仍有存疑的態度。於是我將新天文冰河理論推算到兩百萬年以前，發現一百萬年前至兩百萬年前的一百萬年內，冰河的十萬年週期現象全部消失。我將這一研究結果，寄交氣象學報，請求評審。結果以無實驗數據，不予發表。與此同時，世界海底深鑽計劃已開採長期古氣候的冰柱樣本，考證一百萬年前的氣候變遷。地質年代考證的結果，發現一百萬年以前，地球上真的沒有大冰河遺跡。於是我才被邀請參加世界海底深鑽會議，論文也就被批准發表。

　　此後我又算出今後一百萬年內的氣候變遷，說明現在正值地球南北極冰層溶化時期，但冰層溶化，已漸近尾聲。計算結果，顯示今後全球氣溫將逐漸變冷，預言五萬年後，地球將進入另一個大冰河時代，北半球將被冰層掩蓋。

　　此一長期氣候預報，立即受到氣象學家的反擊與批判。因為氣象衛星的科研發展，旨在短期的氣候預報。五萬年太久，氣象研究，只爭朝夕。因此我的理論曾一度被摒棄於研究主流之外。

　　考證冰河年代的海底深鑽計劃已全球展開，發現大氣中二氧化碳之成份增加時，氣溫亦變高，是謂「溫室效用」。近代人類的活

動，如汽車之行駛及工廠之操作，在在都發出大量的二氧化碳，擴散於大氣層中。年久月深，溫室效用將會使大氣的平均溫度上升。因此全球變暖，而使北極冰層溶化，海水平面增高，紐約的自由女神像也可能被淹沒。如此可能造成全球性的災難。近年來世界各國曾集會討論，防患未然。美國耗費在氣候研究之經費，已逾數億美元。太空總署（NASA）氣候衛星之研究與發展，正在大力進行。

氣候變化中的溫室效用，是一項基本的科學原理。地質年代考證，也發現大氣溫度升高時，大氣內的二氧化碳及氧 18 也大量增加；大氣溫度下降時，大氣內的二氧化碳及氧 18 也相應減少。

在全球改變的時代，全球氣候變暖，是直接威脅地球上生命的科學主題。過去廿年中，科學家探討全球氣候改變的跡象，如南北極冰層之消退，動物之遷居，及海水溫度之升高等，都是全球變暖之證據。我對這些發現，毫無異議。可是這些證據，無一能改變我對氣候變遷動力的科學觀點。

有異於二氧化碳與氣溫的關係，我提出地球自轉及公轉對氣溫的影響。在一百萬年地質年代考證的數據中，我發現氣溫上升是二氧化碳增加的原因，而不是結果。因為根據數據，氣溫上升之後，二氧化碳才開始增加；而不是二氧化碳增加以後，氣溫才慢慢上升。這一發現，質疑所謂「溫室效用」的基本模式。

目前的「溫室效用」的模式，存在有三大問題：一是地球物理的過程不能與二氧化碳的堆積，互相結合；二是時間長達數萬年，無法計算；三是各項物理因素，並非線性組合。因此近代氣象學家，有如盲人摸象，正在做不可控制的地球動力的實驗工作。

針對此一基本問題，我發展了太陽輻射脈動理論，表明在任一大冰河時期的結冰與溶冰，及大氣中二氧化碳或沼氣的增減，均由於太陽輻射熱進入地球之強弱而定。這一新的大氣科學的研究進

展，對古氣候學有革命性的突破；對當今氣溫變暖的「溫室效用」的模式提出嚴重的挑戰！

附註：
2003 年作者發表太陽輻射熱脈衝理論，說明大氣中二氧化碳及沼氣的增加與氣溫的升高均與太陽輻射熱進入地球表面的能量有關。質疑「全球變暖」爭論中的「溫室效用」之基本科學模式。

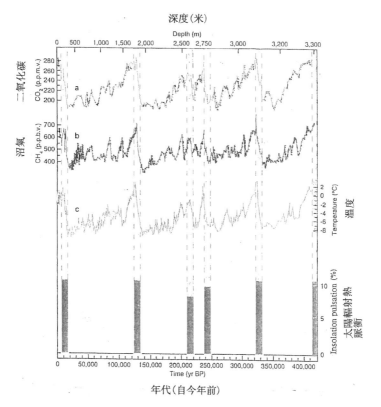

圖 21-1：太陽輻射熱脈衝理論圖表。

二十二、
衛星探測地球內部資源及能源之分佈

　　美國太空計劃中的另一個「地球任務」就是資源衛星的研究與發展。衛星在繞地球的軌道上有重力異常變動，表示地球內部密度不均勻，因此可探測礦床，石油及天然氣體等存在的場地。我曾試圖應用衛星重力與地層應力的關係，去探討地球內部資源的分佈。這一嘗試可能證明地球重力異常與成礦熱源之關係，為實驗地質學奠定數學及物理之基礎。

　　1980 年暑假，康乃爾（Cornell）大學電波物理及太空研究中心的沙根（Sagan）教授，率領研究生十餘人來華盛頓太空飛行中心實習。參觀太空博物館後，我們在餐廳午膳。餐畢，一位女同學建議，去參觀正在展覽中的世界最大的一顆鑽石。因為當時這顆曠世瑰寶，正陳列在與太空博物館隔街相鄰的自然博物館內。這是一顆鑽石圓球，直徑約 35 公分，晶瑩剔透，冷艷照人。嗣後我們又參觀了金，銀，鈾，鈷等其他貴重及稀有元素的礦床標本。回到太空博物館的會議室，我們便開始討論成礦的原因及探尋礦床的原理。

　　在學術研討會中，有一位同學發問：什麼地方才能找到鑽石或貴重金屬？沙根（Sagan）教授回答：這就要問劉博士了！

　　1970 年代，華盛頓的旅遊熱點有二：1、太空博物館，2、世界最大的鑽石。其實我對這塊曠世奇寶，很早就有興趣。這並不是因為它具有燦爛的光輝，而是想要去了解它的成礦的根源。美國的太空計劃，將要發射衛星到宇宙的邊緣，去探討黑洞重力的神祕，

　　我現在即已得到足夠的衛星重力異常的數據，去了解地球資源的分佈與成因。當天下午的學術討論會中，我向研究生們講述了我的構想與研究結果。

　　鑽石及其他貴重金屬都只能在高溫高壓的條件下才會形成。所以原始的成礦地點，應在地層的深處，至少離地面卅公里以下。因此最難為人了解的問題是：地球內成礦的熔岩系統如何能帶著礦床，突破約 20 公里的地殼，而出現在地球的表面？簡單的說：這股力量是從那裡來的？

　　首先我出示了離地面 20 公里下非洲地殼的應力圖（圖 22-1）。這是我應用衛星在繞地球的軌道上，重力變動的數據，推算獲得的熔岩對流的應力模式。這一模式能解釋非洲地質結構的形成。如圖二所示，地質學家所繪成的熱點、高點、低點，及其連線，與衛星測出之上湧及下降之對流模式，互相吻合。

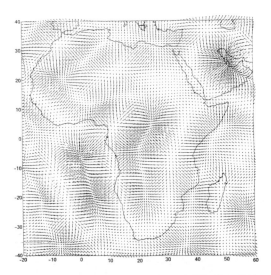

圖 22-1：離地面 10 公里下，非洲地層之應力分佈。

箭頭分向散開，表示熔岩熱流上湧而產生地殼張應力；箭頭同向集中，表示熔岩冷流下降而產生地殼壓應力。

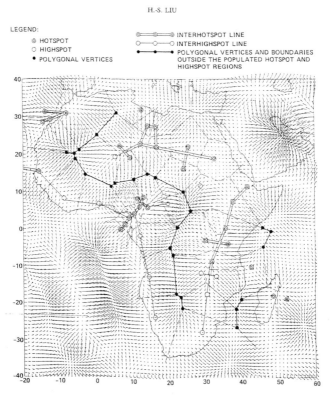

圖 22-2：非洲地面上熱點，高點，低點及其連線與地層下熔岩流動所產生之應力關係。

　　根據地質學中的成礦理論，97%的非洲礦床，都是在地面下 20 公里，溫度在攝氏 600 度左右的情況下形成。因此一個最基本的問題是：如此深處的礦床，如何能突破地殼達到地面？採礦專家已在南非發現了 26 個大型的礦床地點。如圖 22-3 所示，這 26 個大型

礦床地點，全部坐落在由於熔岩熱流上湧，所造成的地殼張應力地帶。非洲出產貴重及稀有金屬，量多質美，為全球之冠。世界開礦公司已在非洲發掘了 600 餘所各種礦床，如金、銀、銅、鐵、錫、銻、鉻、鈷、鉛、鎬、鋅、鉭、鎂、鉑、鈾、釩、綠玉石等的礦脈。如圖四所示，這 600 餘所礦脈地點，也都全部坐落在由於熔岩熱流上湧，所造成的地殼張應力地帶。幾乎沒有一個礦脈坐落在由於熔岩冷流下降，所造成的地殼壓應力地區。因此熔岩熱流上湧，造成地殼開裂，礦床因而從裂縫中上升，進入地面。在非洲中部地區，較冷的熔岩下沉，地殼受壓，礦床可能仍被禁閉在地殼之下，不能出來。

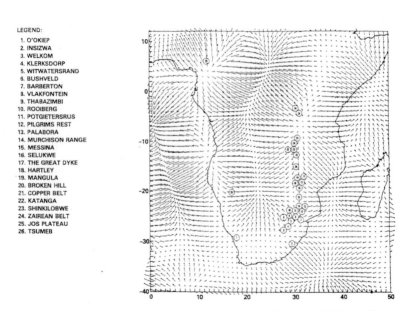

LEGEND:
1. O'OKIEP
2. INSIZWA
3. WELKOM
4. KLERKSDORP
5. WITWATERSRAND
6. BUSHVELD
7. BARBERTON
8. VLAKFONTEIN
9. THABAZIMBI
10. ROOIBERG
11. POTGIETERSRUS
12. PILGRIMS REST
13. PALABORA
14. MURCHISON RANGE
15. MESSINA
16. SELUKWE
17. THE GREAT DYKE
18. HARTLEY
19. MANGULA
20. BROKEN HILL
21. COPPER BELT
22. KATANGA
23. SHINKILOBWE
24. ZAIREAN BELT
25. JOS PLATEAU
26. TSUMEB

圖 22-3：非洲地面上 20 個主要礦床之分佈，全部座落在地殼的張應力帶上。

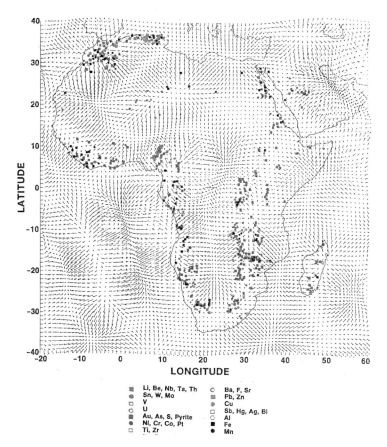

圖 22-4：非洲地面上已發現了 600 餘個礦產地點，全部座落在地殼的張應力
帶上。

　　應用衛星在地球軌道上的重力異常信號，可探討地球內部資源
的形成與分佈。這一發現開天文地質學之先河。

　　沙根教授及其研究生們聽取了我的報告以後，一致建議將原稿
寄交地質學報發表。六個月後，世界近代地質學報審核批准，全文
刊載在 1981 年在英國出版的「近代地質學報」第 8 卷 23-36 頁上。

　　沙根教授學識淵博，與哥德（Gold）及費曼（Feynman）二位教授同為當代三大極具科學幻想之人物。他的通俗科學著作，暢銷全世界，擁有讀者超過 500 百萬人。1965 年他創辦世界行星學會，自任會長，會員多達十餘萬人。我也曾被邀請，以創辦會員之身份入會。他曾領導研究生們，考證全球已發現之礦床，是否服從我的地殼張應力地點之理論。考證結果，全球竟沒有一座重要礦脈，不座落在地殼張應力地帶上。因此經由他的提名與推薦，以後我也就獲得世界天才桂冠之稱號。

附註：
世界行星學會正副會長沙根博士及弗力德曼（Freedmann）博士均係作者在康乃爾大學讀書時之後期同學。在該學會舉行成立大會時，正副會長共同宣佈，作者已應允為世界行星學會創辦會員。

圖 22-5：世界行星學會正副會長沙根博士及弗力德曼（Freedmann）博士。

二十三、美國的能源危機

1970 年代初期，中東阿拉伯國家及伊朗以石油為武器，聯合反美，抗議美國幫助以色列。於是進口美國的石油來源斷絕，造成能源危機，使美國經濟進入蕭條狀態。尼克松政府末期，大力緊縮聯邦開支與預算，太空總署也奉命大幅削減經費。因此有關太空的科學計劃，如無特殊的應用價值，即被裁撤或取消。歷時 15 年，耗資已逾數十億美元的衛星探測地球重力的科學計劃，至此也面臨裁撤之命運。為爭取撥款，繼續支持這一重要的太空科學計劃，主管科學應用業務的副署長麥休（Mathau）博士，不得不召開聽證會，指派我出席會議，以科學家身份，說明此一太空研究計劃的特殊應用價值，不可功虧一簣，就此終止。

能源危機時期，美國實施汽油配給制度。全美國的加油站前，每日都排著汽車長隊，等候汽油配給。當時美國的迫切需要是尋找新油田，開採石油，解決能源匱乏所造成的民生困難。值此國家財力艱困之際，建議政府資助一項看來對國計民生毫無關係的太空科學計劃，不是不識時務，便是癡人做夢。顯然，沒有一位有名譽有身份的科學家會接受這一絕無成功希望的危機任務。

科學家應具備開創性的頭腦：想別人不敢想，做別人不敢做的事。時催勢迫，我義無反顧地接受了這一科學挑戰，試圖再做一場白日之夢！

我的構想是：應用衛星測得的地球重力數據，可以計算地層內應力場的模式，此一應力模式，可識別地下油田之位置，形狀及大小。

　　準備作報告前的幾個晚上，我焦慮得睡不著覺。這好像是投機取巧的作法，也會被認為是招搖撞騙；我擔心在會場中，或將自取差辱。

　　但我母親遺留給我的血液與基因，使我知道在「敵軍圍困萬重中」，也能「出奇取勝」。臨危受命，我決定「出庭作證」。

　　會議在華盛頓太空總署（NASA）會議廳舉行。我的主題是：

　　衛星遙測地下油田

證詞的前言是：

　　今天我們開車前來參加會議，汽車內按制度配給的汽油都快用完了。我建議要應用衛星，尋找大油田，解決能源危機。

證詞的結論是：

　　衛星重力掃瞄，可以測定地層油田的位置，形狀，及大小。

報告歷時 45 分鐘，大會當即議決：

　　太空重力科學之應用部門，應繼續撥款，加強地球地層能源之研究。

　　會後，曾出席會議的特別計劃處處長斯塊爾（Squirs）博士告訴我：「劉博士，當你的全球衛星遙感應力模式與全球油田之位置圖，放映在銀幕上時，全會場的眼睛，都發出了火花！」

　　當議決案記錄傳遞到哥達德太空飛行中心的這天晚上,該中心許多科技人員,開跳舞會,高興得睡不著覺。但是在我的心裡,卻蘊藏著許多遠慮與近憂。

　　在此之前,我的導師哥德(Gold)教授也曾發表了他的油田形成的新理論,根據他的理論,科學家發現在歐洲某些地點,的確有石油的痕跡。但是這一的新的油田理論,立即受到地質科學界無情的打壓和羞辱。現在我又提出衛星探測油田的方法,遊說政府科技官員,美國地質學界可能將會對我再發動一次「學術打假」的大攻擊。

　　首先,一批麻省理工學院(MIT)與加州裡工學院(CIT)的地質研究人員及美國地質部(USGS)的科技官員,對太空總署(NASA)此次科研經費之分配,表示不滿。繼而指明我不具地質專業之學歷,將會敗壞太空總署(NASA)在科研領域之信譽。因此太空總署(NASA)為了要回應科學界的指責,不得不邀請外界地質權威學者,成立專案小組,審查我的有關尋找地球能源及資源的著作。在未經審查核准以前,不得擅自對外發表,以免損害太空總署(NASA)的科研聲譽。

　　專案小組的審核結果:

　　　　如投送此類論文至任何地質專業學報,學報主編一定會立即
　　　　退稿。

　　據此,太空總署(NASA)行政部門批示,我的論文,不准申請發表。並且專案小組審核的意見與結果,也不准我反駁。

　　科學家如不能發表學術論文，即是研究生涯的結束。因此我在太空飛行中心的研究職位，將被裁撤。停職之前，我必須另找其他方面的工作位置。

　　對整個事情的發展，我並無怨悔。靜候太空總署明令解除我的研究位置，終止任用。只希望情治單位，不要節外生枝，對我妄加其他罪名。

　　我深信我的研究成果，具有學術及實用價值。專案小組的「立即退稿」的判斷，是武俠小說中嚇人的江湖用語，我不能心悅誠服；但是政府行政單位的命令與規定，我又不能不遵守。當時的處境，使我在學術戰場上，一敗塗地，敗得我很不甘心，也很不服氣！

　　雖然立足於失敗之地，但是我的全身「武功」並未被解除。我決定不顧一切後果，要在學術江湖上，再度展示一次我的學術功力。

　　我向世界近代地質學報呈送了一篇論文，請求評審。不料該學報主編接閱後，立即回信：「你的論文，對地質學有突破性的貢獻。本學報編輯部決定，依照原稿，逕行排版付印，不需經過任何評審及修改程序。文中彩色圖片，也將放大，以保存地質結構的原始資訊。論文綱要，亦將在科學新聞欄內，提前發表。」

　　我的這一套輕功招式，發出了一道白光，照亮了專案小組中地質學家的原來面目。事實證明：「我的論文如被核准送交世界權威地質學報，學報主編一定會立即接受發表。」

　　從單純的學術觀點而言，我似已轉敗為勝。在學術戰場上，我又可耀武揚威了。但事實上，這場勝利，對我的前途，可能帶來毀滅性的大災難。因為太空總署（NASA）的科學家，未經核准，向外發表論文，是違法的。因此，從政府法令觀點而言，我的犯法行為，可能會被誤解，有企圖洩漏美國國家機密之嫌疑。如果這一罪名成立，我將會受到「先行監禁後，再接受調查」之處分。

在此嚴峻的情況之中，我必須在論文發表之前，得到太空總署
（NASA）行政系統所核准的文件。但是，這是不可能的。因為行
政部門早已有不准發表我的論文之會議記錄。可能犯法的行為，使
我神情恍惚。對我曾有救命之恩的天文地質學家阿基夫（O'Keefe）
博士見狀，用中文問我：「你好不好？」我說：「我不好。」他再問：
「你為什麼不好？」我說：「我快要進監獄了。」他知道事情的原
委以後說：「如果公事公辦，你的麻煩可真大了！」他沉思片刻後
又說：「行政方面的事情，我毫無影響力。現在只有去尋找私人管
道，才可能設法解決問題。」他繼續說：「如果你信任我，請你將
世界近代地質學報主編寫給你的原信給我，讓我找一私人管道，可
能為你解除牢獄之災。」我將原函交給他後，他並沒有告訴我，他
將採取什麼步驟幫助我。

三天以後，哥達德太空飛行中心主任克拉克（Clark）博士召
我作研究工作進度報告。並通知該中心主管官員及科技人員均應列
席備詢。克主任聽取報告後，當眾拍案叫絕，稱譽我的科研成果，
已為世界太空科學研究計劃，開拓了新的領域。他認為應該將這有
重要學術及實用價值的科研成果，趕快寫成論文，申請發表。我也
向他報告，論文早已寫成，一俟批准，即可發表。我又向他呈遞了
一紙論文發表申請書，他立即簽名，批示「照准」。他並指示在坐
的有關官員，立即簽字，迅速完成申請書中的各項審核步驟與手續。

一星期後，論文刊載在世界近代地質學報上。公事公辦，一切
合法。這是一場精彩的好戲。天文地質學家阿基夫（O'Keefe）博
士在幕後導演的手法，真是很高明。

笑傲學術江湖，這是 1970 年代初期，美國能源危機給我的
教訓。

二十四、
衛星重力分層掃瞄：地球內部的物理結構

　　2000 年我進入醫院，接受年度身體檢查。醫院裡的磁力諧振斷層掃瞄儀對我的腦部進行分層透視。腦殼內分層的 X 光透視影片，很清晰的顯示了我腦內的組織與結構。磁力諧振效應可用以掃瞄人體的內部，我立即想到，衛星重力遙感也許可以掃瞄地球內部的熔岩熱力對流。於是我結合衛星軌道的及地面的重力變動數據與地球內部熔岩對流的模式，引導出地球內部的應力公式。我將地球劃分為四個層面，計算每一層面的應力分佈。每一層面又劃分為 12.96 億個格點，每一格點的應力公式含有 25 萬個軌道參數。這是一項龐大而複雜的計算工程，太空飛行中心調派了電腦計算專家及研究人員，應用當時最新最大的電腦設備，協助我實現這一科學夢想。

　　地球由三大部份組成：地殼，地幔與地心。地殼岩石堅固；地殼下的岩石，因熱而軟化，成為熔岩，是為地幔；地心則是一金屬火球，其溫度比太陽還高。

　　如圖所示，地幔中的熔岩，溫度不均。低溫部位，密度較高，熔岩下降；高溫部位，密度較低，熔岩上升。地球內部因此產生熔岩熱力對流之現象。

　　當衛星飛過熔岩上升地區，因熔岩溫度高而密度小，故重力變弱，而使衛星上跳；當衛星飛過熔岩下降地區，因溫度低而密度大，故重力增強，而使衛星下降。因此根據衛星上跳或下降的數據，即可描繪地球內熔岩對流之模式。

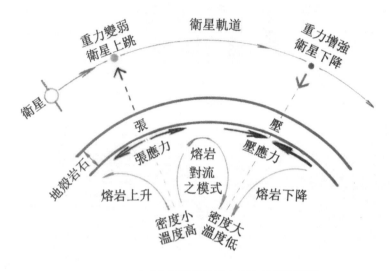

圖 24-1：衛星重力信號與地球內應力分佈之關係。

　　熔岩上升，地殼內相應產生張力；熔岩下降，地殼內相應產生壓力；熔岩旋渦轉動，地殼下產生扭力。地殼內張應力，壓應力或扭應力集結之處，即是爆發地震的動力根源。地殼內部儲集的應力，一旦突然解除，才會發生地震。因此發生地震，有一個必要條件，那就是要有產生應力的來源。

　　首先我繪製出離地面 10、20、40、60 公里以下的全球應力分佈圖。在地面下 60 公里的深處，張應力與壓應力系統不能識別地球表面的地形或地貌（圖 24-1）。愈近地球表面，其張應力及壓應力系統漸漸與海洋及陸地的分佈，相互對應（圖 24-3、圖 24-4）。至離地面 10 公里以下時，張應力及壓應力的集中地區，便形成地震帶（圖 24-5）。在離地面 10 公里以下的應力場，也就塑成了今日地球表面的世界（圖 24-6）。

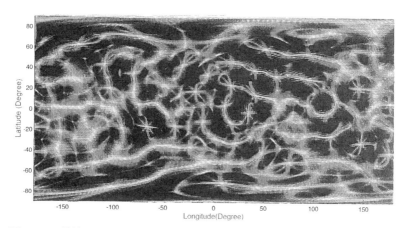

圖 24-2：離地面 60 公里以下的地層應力之分佈。(白色表示張應力；黑色表示壓應力。

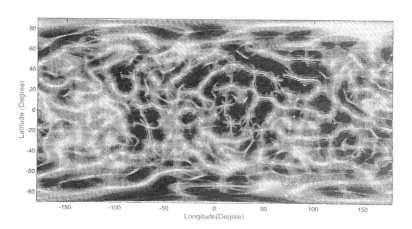

圖 24-3：離地面 40 公里以下的地層應力之分佈

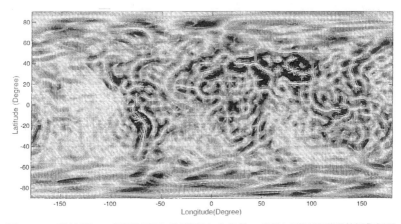

圖 24-4： 離地面 20 公里以下的地層應力之分佈。（應力系統可識別地球表面的地貌或地形）

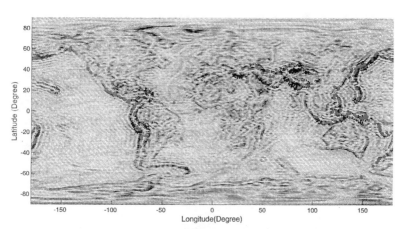

圖 24-5： 離地面 10 公里以下的地層應力之分佈，與過去 30 年內 140 個大地震的位置圖。

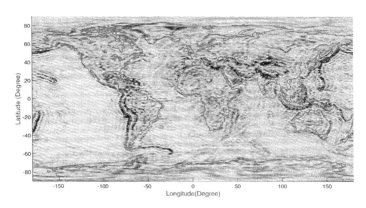

圖 24-6：離地面 10 公里以下的地層應力之分佈，與今日世界之形成。

其次我應用地球衛星在軌道上重力變動的數據，算出離地面 20 公里下的熔岩對流模式（圖 24-7）。深信衛星重力分層掃瞄的研發，有助於地震之研究及資源的開發。

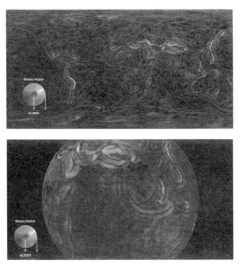

圖 24-7：離地面 20 公里以下的熔岩對流之模式。

　　最後我獲得離太平洋水面 20 公里，30 公里及 40 公里下，夏
威夷群島地區熔岩熱流上升之模式。證實夏威夷群島的形成，是由
於熔岩熱流上湧所致。（圖 24-8）

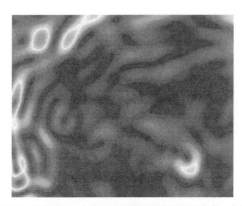

圖 24-8： 離水面 20 公里下，太平洋地區溶岩對流之模式。（右下角之明亮影
　　　　像，表示夏威夷島嶼下之溶岩，向上升起）

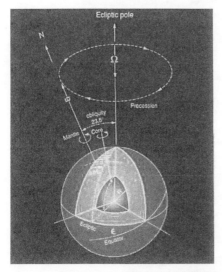

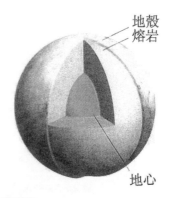

圖 24-9：衛星重力分層掃瞄。

最近衛星重力分層掃瞄，又已發現地球中心部位，有一液態金屬球，稱為地心。在地球自轉及繞日的軌道上，這一地心，形同地質核能反應爐，並產生地球的磁場。

圖 24-10：黑洞。

我又曾試圖延伸衛星重力掃瞄地球內部之方法，分層掃瞄宇宙中的黑洞，發現可以遙測黑洞週邊的磁應力之強度。因此黑洞外圍之質點，仍有逃離黑洞之可能。此一發現將引起天體物理學家，對宇宙黑洞重力理論之爭議。

二十五、衛星遙感星球內部的應力場

　　在太空及地球科學的領域中，衛星遙感地球內部的應力場，已有長年的歷史。自從太空時代開始，這就是一項最重要而最有價值的地球研究計劃。我的這一計劃的研究成果，可解釋造成地面突起，低陷，分裂，火山，地震，板塊運動，金剛石等礦床的形成及全球熱點的分佈。這項地球研究計劃獲得初步成功以後，我又試圖用此重力分層掃瞄的方法，透視金星及火星內部熔岩對流所造成的應力場。

　　首先我應用衛星繞火星的軌道重力數據，分層掃瞄火星內部的應力狀態。在太陽系中，火星上的查西斯（Tharsis）突起所產生的重力異常信號，是獨一無二的強烈。所以將此重力異常數據輸入應力公式中，查西斯凸起下面即呈現一股巨大的熔岩熱流，向上升湧，支持查西斯凸起的重量。這與地球上的西藏高原相類似，但火星上的查西斯凸起比地球上的西藏高原大十餘倍，因此更為顯著。

　　查西斯（Tharsis）凸起下，一股上湧熔岩所產生的張應力場極為顯著，是為太陽系中行星重力異常最顯著之點。中國將來發射衛星到火星時，收集衛星在火星軌道的重力異常數據，可能有助於中國青藏高原資源與地質的研究。

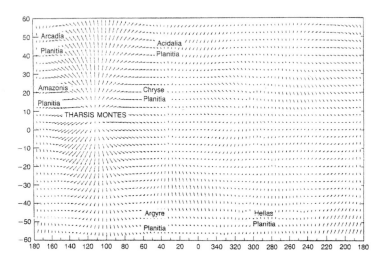

圖 25-1：離火星表面 10 公里以下的火星內部應力之分佈。

1. Olympus Mons　　4. Ascraeus Mons　　7. Uranius Patera
2. Arsia Mons　　　 5. Tharsis Tholus　　 8. Uranius Tholus
3. Pavonis Mons　　 6. Ceraunius Tholus　 9. Alba Patera

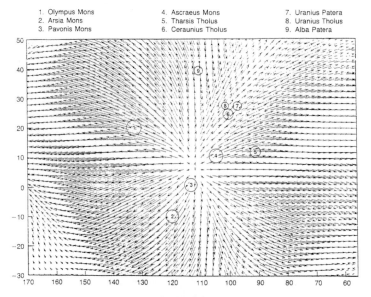

圖 25-2：火星上查西斯凸起地區，九大火山之分佈。

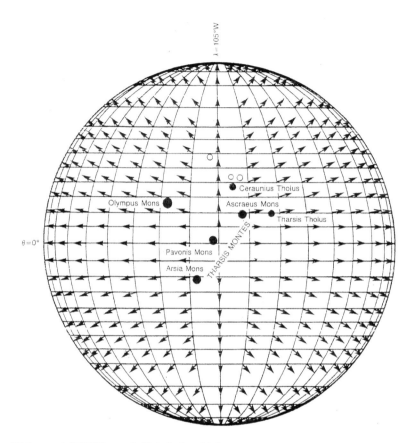

圖 25-3：火星西經 105 度線上的查西斯（Tharsis）地區，球面有開裂之可能。

　　金星是美麗女神維拉絲的象徵，表面比較平坦，並無造山運動的跡象。赤道高原地帶，留有火山遺跡。赤道南比中緯度地區，則形成兩條平原地帶。

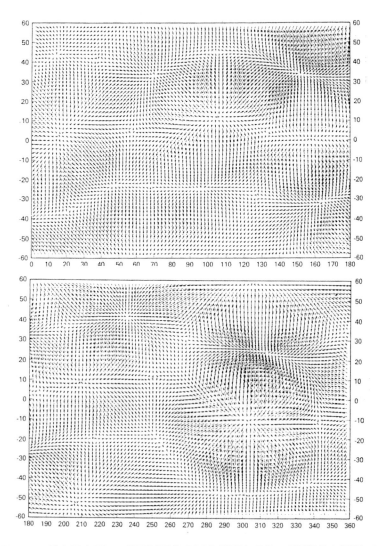

圖 25-4：離金星表面 10 公里以下的金星內部應力分佈。（箭頭分向散開，表
示張應力；前頭同向集中，表示壓應力）

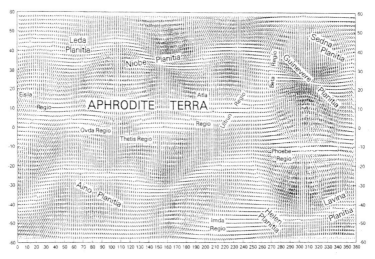

圖 25-5：金星內部張應力及壓應力地區與金星表面之高原及平原地帶，相互
對應。

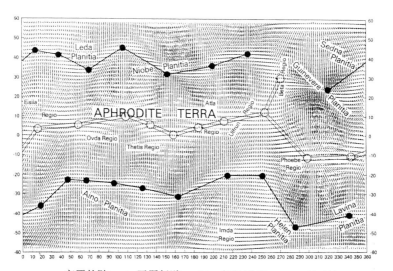

○ 高原熱點　　● 平原低點　　○○○ 熱點連線　　●●● 低點連線

圖 25-6：金星內部熔岩對流所產生的應力場，形成金星表面的構造形狀。

　　衛星重力分層掃瞄，有助於對地球，火星，金星，水星及月球內部熔岩活動之了解。理論的改進與應用之推廣，有待中國衛星軌道數據之收集。

二十六、
后土皇天：
衛星預告中國地震應力，集結四川

　　根據地殼板塊構造理論，地震的成因，是由於板塊運動時，板塊邊境受衝撞擠壓，地層破裂，因此板塊邊緣即形成地震帶。中國大陸地處歐亞板塊的中心部位，遠離任何板塊邊境，但歷史上的1920、1927、1932及1976最悲慘的大地震，卻都發生在大陸上的甘肅、青海及華北地區，共計死亡人數已逾百萬。為捍衛領空，中國航天員已能進入環繞地球的軌道；為保衛國土的安全，我們對國土的地層結構，卻毫無所知，地震的天災慘劇，可能再在皇天之下，后土之上的中國重演！

　　近年來中國開發，大規模的建設工程，如南水北調，西氣東輸，興築三峽水壩，建造高原鐵路，開鑿交通隧道，建核電廠，造蓄水庫，以及鑽探地層下礦床或油田等設施，均已開始在這塊土地上進行。國土地層的地質穩定，是每一個中國人都應關心的安全問題。因此我曾試圖研發衛星重力分層掃瞄的方法，透視中國地層，了解中國國土內部的應力分佈情形與地質結構是否穩定與安全。

　　中國地層下熔岩對流所引發的應力場，對中國國土的安全具有重要的作用。西藏地殼下的一股巨大的熔岩熱流，向上湧起，支持了西北廣大地區的青藏高原，不使沉淪，不向東南擠壓，而使華北

華東在地質年代中維持平原地貌。但在華北地層下，則有一股中型的熔岩冷流，流向地心，使華北地層內產生壓應力，潛伏地震危機。因此衛星重力分層掃瞄，透視中國地層內應力的變化，將有助於確定潛在的地震災害。1976年唐山大地震前，衛星重力異常的信號，顯示熔岩對流模式之變動，即為一例。

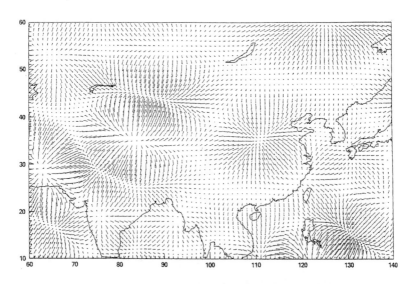

圖26-1：離地面10公里以下，中國地區地層內張應力及壓應力之分佈。

　　圖26-1中，箭頭分向散開，表示張應力；箭頭同向集中，表示壓應力。依照李四光地質力學理論，可算出中國地層內所承受之剪應力及扭應力。

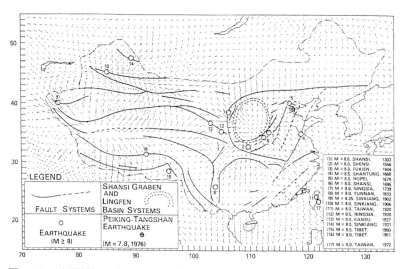

圖 26-2：中國地區的斷層系統，陝西平原、臨汾盆地及 16 個 8 級以上大地
震之地點，與離地面 10 公里以下的地層應力之關係。

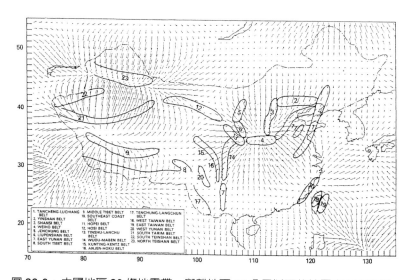

圖 26-3：中國地區 23 條地震帶，與離地面 10 公里以下的地層應力之關係。
（每條地震帶均與地層應力箭頭的方向垂直）。

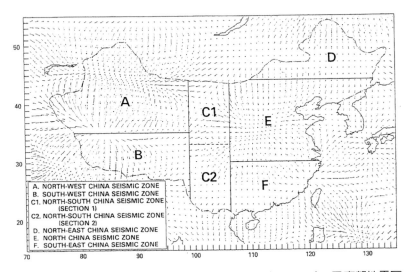

圖 26-4：中國西部地震區（A，B）、中部地震區（C1，C2）、及東部地震區
　　　　（D，E，F），與離地面 10 公里以下的地層應力之關係。

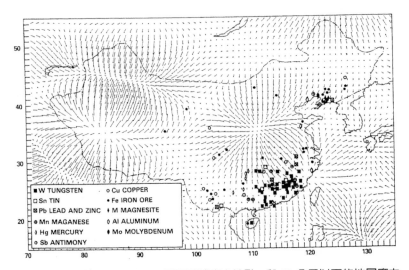

圖 26-5：中國東部地面上 15 種不同礦床之地點，與 10 公里以下的地層應力
　　　　之關係。

　　圖 26-5 中全部礦床地點都坐落在熔岩上湧的地層張應力地區。中國西部地層張應力地區的礦床，尚待開採。應用衛星重力分層掃瞄，透視中國西部地層內的應力導向，將有助於中國西部礦床及資源的開發。

　　圖 26-6 顯示：太平洋下的地層應力已向臺灣東海岸集結，因此臺灣花蓮地區潛伏地震及海嘯危機。

　　結合地震檢測的 3D 快照，全球衛星定位的板塊移動，與衛星重力分層掃瞄的方法，可以預報或減輕中國大陸及臺灣地區的地震災害；我的衛星重力掃瞄方法，不但可以探測中國大西北部地層張應力地帶所蘊藏的礦產資源，更可以測定中國東南深海油田之位置及大小。

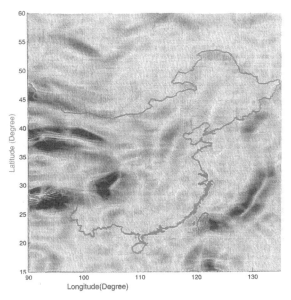

圖 26-6：離地面 20 公里以下，中國地層應力之分佈。四川地區（31N，103E）壓應力集結，可能發生大地震，而使四川盆地沉陷。

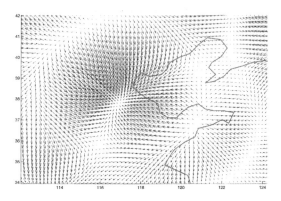

圖 26-7：離地面 10 公里以下的華北地區，地層應力之分佈。

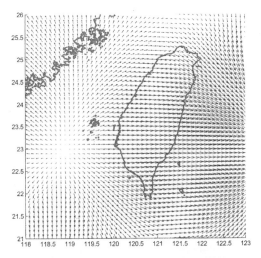

圖 26-8：離地面 10 公里以下，臺灣地區地層應力之分佈。

　　地震是自然的地質現象。科學發展雖然迅速，但迄今仍無法了解地震的根源及預報地震的發生。應用衛星重力分層掃瞄，透視地球內部因熔岩對流而產生的張應力，壓應力，剪應力及扭應力之分佈，可以導出此一地質現象的基本原理；也是探討此一地質現象的

基本方法。經過多年的實踐，這一方法肯定了中國科學家李四光先生，生前對地質力學的貢獻。

　　應用我的人造衛星重力改變之分層掃瞄方法，啟動中國地層，地質及地震之研究計劃，對中國的國計民生，具有重大而深遠的影響與意義；並可改變全球科技合作之格局，預報天災，開拓資源。因此亦可預期建立中國在太空及地球科學方面的世界領導地位。

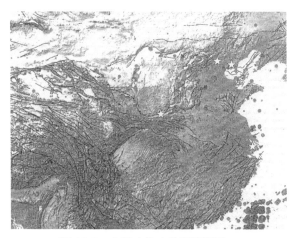

圖 26-9：中華大地之地震位置圖。

　　圖 26-9 中，圓點表示一百年以來所發生的地震位置，圓點的大小與地震級數成正比例。最小的圓點表示 4 級地震。自左至右，四顆星表示西安、北京、唐山與上海。右下角的島嶼是臺灣。（圖片來源：2007 年 1 月出版之今日物理）。1978 年 7 月 28 日唐山曾發生 7.8 級大地震，死亡逾 24 萬人。大震前，衛星重力分層掃瞄，曾顯示唐山地區地層應力集中，潛伏地震危機。地質板塊內部的地震活動地帶，乃是蘊藏能源及資源的區域。衛星已測出唐山附近，渤海灣區的油田位置、形狀，及其大小。

　　長江三峽是在距今 3 億至 7000 萬年前，經過江水長期不斷的沖蝕岩石而形成。建造長江三峽大水壩是中國開發水力資源及防止天然災害的偉大科技構想。現代中國奠基人孫中山先生早在 1919 年就曾設想建造長江三峽水壩，而堅信人定勝天的毛澤東主席生前更以「更立西江石壁，截斷巫山雲雨，高峽出平湖」的詩句，表達他的願望。

　　耗資 220 億美元的長江三峽水壩已於 2006 年 6 月峻工。大壩上游 640 公里的長江水域已成為一大水庫，儲水量約 190 億立方米；總發電量超過 1,800 萬千瓦，比美國胡佛大壩的發電量高出 20 倍。據記載，長江流域的洪水，僅在上世紀就吞噬了約 30 萬人的生命。從此中國人民就不再有長江洪水之災難了。

　　幾億年地質的演變，才能造成的高峽，在幾年之內便變成了一大平湖。人定勝天，這的確是中國人的驕傲！

　　然而，長江三峽水壩地段，鄰近兩條潛伏的南北地震帶。因此三峽水壩的建成，也提供了該地區誘發地震之機制。萬一地震發生，大壩垮塌，後果將不堪設想。所幸三峽工程地點下的地層內，尚無應力集結之徵兆，暫時並無大地震之顧慮。三峽應無恙，天佑大中華！

　　但是，根據衛星重力掃瞄的分析，我們在 2006 年內，即已發現中國地層應力已集結在四川的龍門斷層地帶（參考圖 26-6）。近年來四川境內，建造了許多蓄水庫，隨著水庫管理部門，反覆不斷的調整水位，又將使蓄水庫下的地層，添加壓應力的波動。因此蓄水庫的建造，將使四川地區的地層地質，長期處於不穩定之振動狀態之中，因而可誘發摧毀性之大地震。也可能導至蓄水庫區的河岸，發生長距離的坍塌，造成災難。如果四川境內，發生地震，四川盆地，必然向下沉陷。

　　長江下游流域，地基應力微弱而平穩（圖 26-10），但是長江上游即金沙江下游地段（參考圖 26-10 及圖 26-11），地層壓應力集中，地質不隱定之情勢嚴峻，潛伏有地基破裂之危機。籌造中的四座大型准三峽大水壩，即座落在此一地段之中（圖 26-11）。因此籌建四座大型的准三峽大水壩，乃一國運所繫的千秋大事；對其作科學論證，刻不容緩。

　　從地球科學觀點而言，四川境內水壩的建造，已提供了引發地震之機制。因此，在四川地域的地面與天空，似應及早設立天羅地網的衛星雷射及激光之接受站，預測地面的相對位移。居安思危，更應開展有關緊急措施，監視地震的徵兆。專群合作，提高警覺，使 1976 年唐山地震的悲劇，不再在四川地區重演。但是，此類誘發性地震，很少前震預兆，也可能無法預報。

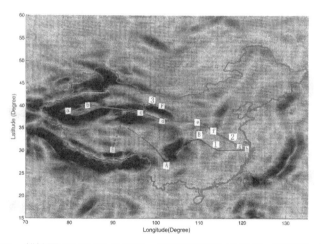

圖 26-10： 離地面 20 至 30 公里下，中國地層應力之分佈，與長江、西氣東輸大管道及青藏高原鐵路之相關位置圖。長江 AB 段下的四川地區，地層應力集結，可能爆發災難性的大地震。1976 年唐山大地震的慘劇，可能在此重演！

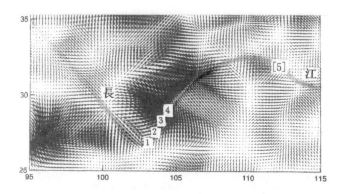

圖 26-11： 衛星掃瞄長江上游地面 20 公里下，地層應力之分佈。籌建中之四
大准三峽大水庫（1.烏東德、2.白鶴灘、3.溪洛渡、4.向家壩）之
下，地層應力集中，地質構造複雜。三峽大水壩工程地點[5]下之
地層內，尚無地震應力集結之徵兆，暫時並無大地震之顧慮。

　　中國是一個多地震的國家，近幾百年來許多次災難性的大地
震，都發生在這塊土地上。當前急待科學家回答的第一個問題是：
自 1976 年唐山大地震之後，下一次大地震將在中國的那一區域發
生？應用衛星重力掃瞄中國地層結構，我發現中國西南區域之四川
省區下的地層內，有極為顯著之應力集結（圖 26-6），可能在該地
區南北地震帶之龍門斷層內，儲集應變能量，潛伏大地震之危機。
如圖十所示，長江 AB 段下的四川地區（31N，103E），地層壓應
力集中，可能爆發災難性的大地震，而使四川地層沉陷。

　　在靜態的應力作用下，地殼斷層破裂，發生地震，其破裂過程，
較為緩慢。大震前可能有前震預兆。因地下釋放地震應變能量，致
使地下水位變更，鼠蛇出洞。海城地震及唐山地震皆屬此一模式，
故可預報預防，減輕災害。然而在動態的應力作用下，地殼斷層破
裂，發生地震，其破裂過程，極為短暫。此類地震很少前震預兆，
不能預報。因此，第二個急待回答的問題是：假如下一次中國大地

震，真的在四川地區發生，是否會有前震預兆，提供預報地震之機會？

　　在四川地區，蓄水庫水位的調節，將改變地下應力場之周境條件。而使地殼斷層，承受動力的衝擊。在動態的應力作用下，龍門斷層可能瞬時破裂，誘發地震，而將斷層帶上的三川（汶川、北川、青川）地區，全部摧毀。此類因動力機制而誘發的地震，在斷層開始破裂前，可能沒有前震預兆。因此假如下一次中國大地震，發生在四川地區，中國地球科學家將無預報的機會。皇天之下，后土之上的中國人民，將會再一次承受慘烈的地震災害。

　　地震應力，集結四川。唐山地震之慘劇，可能在此重演。危言聳聽，自知狂妄。尚祈海內外科學先進，從嚴論證。知我罪我，留待歷史裁決。

附註：
近年來慘受戰爭災害的中東國家伊拉克，現也瀕臨水庫倒塌之大災難。伊拉克於 1980 年代在底格里斯（Tigris）河上建造的莫休（Mosul）水壩，填高 150 公尺，儲水量約為 33 億侖，可供發電及灌溉之用。因壩基地質問題，莫休水壩可能倒塌。萬一倒塌，附近擁有二百萬居民的莫休城將被全部淹沒在 20 公尺深的水面之下，首都巴格達（Baghdad）也可能有洪水氾濫之災。）不幸的是 2008 年 5 月四川真的發生了大地震，此次地震造成了大災難。2009 年 7 月謹誌）

二十七、航天五十年：回顧與前瞻

1957 年蘇俄發射載人衛星，進入繞地球的軌道後，安全返回地面，造成世界轟動。美國急起直追，迎頭趕上，啟動了阿波羅（Apollo）載人衛星登月計劃。當年美國太空計劃主持人物，現多已作古。即令阿波羅（Apollo）時代意氣風發的科技英俊，現在也都已經成為退休的老人。五十年的光陰，使人們的青春老去。阿波羅登月計劃的風光，今日已成為美國中年人懷舊與青年人獵奇的對象，變成了像章式收集或樣板戲回味的往事。然而對這龐大得史無前例的美國科技計劃，我曾全程參與。因此對往事的追憶，啟發了我對世界太空合作前景的看法與見解。

1232 年中國發明火箭，保衛開封府，抵禦蒙古入侵。應用這一火箭原理，美國哥達德（Goddard）博士於 1920 年代研製了液態燃料多節火箭。在二次世界大戰期間，哥達德博士曾在美國大陸本土上，作了有限度的火箭試射。直至二次世界大戰末期，德國 V2 火箭襲擊英

圖 27-1：1960 年代美國在首都華盛頓東北郊區，建立太空飛行中心，紀念美國火箭之父哥達德博士。圖為哥達德博士在 1919 年製造多節火箭時之檔案照。

倫三島，美國才認識火箭的軍事價值。1957 年蘇俄應用火箭，發射載人衛星成功，美國乃創設太空科研機構，首先籌建太空飛行中心。命名為哥達德太空飛行中心，紀念這位美國火箭之父。

圖 27-2：1960 年秋天，哥達德太空飛行中心的第一號大樓開始建造。

圖 27-3：1961 年 3 月 16 日作者參加哥達德太空飛行中心第一號大樓落成典禮。

　　在過去五十年的發展過程中，哥達德太空飛行中心已建造了三十三座大樓，分佈於華府東北寧靜優美的綠帶地區，成功的製造，發射，穩定及操作了三百餘顆人造衛星，取得了豐碩而珍貴的科研成果與突破。目前哥達德太空飛行中心的主要任務及使命為：

1. 操作哈伯（Hubble）太空望遠鏡，並設計新型的韋甫（Webb）太空望遠鏡。
2. 製造衛星上之儀錶，用以探測太陽系中之每一行星及其他天體。
3. 設計科技儀器：遙感火星，研究太陽，並尋找其他星球的存在。
4. 建立通訊及導航系統，以供太空人在太空梭及國際太空站上應用。
5. 研發下一代的通訊及導航系統，以供人類開拓月球及火星。
6. 代美國海洋及大氣局（NOAA）發射衛星，預報氣候及颱風災害。
7. 設計及操作地球衛星。數量之多，全世界科研機構，無與倫比！
8. 籌備發射機器人重上月球，為將來開拓太空，邁出第一大步。

　　美國是月球最早的開拓者，1961 年啟動了登月計劃，1969 年實現了人類登月的夢想。1972 年因登月活動耗資巨大，載人衛星之探月工程曾幾度停頓。但哥達德太空飛行中心的科學衛星計劃，五十年來一直在穩定持續中進展。茲將五十年來美國研發科學衛星之里程碑，圖示如下：

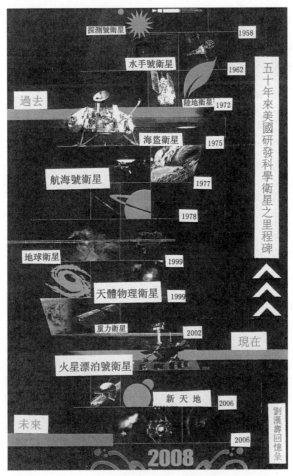

圖 27-2：五十年來美國研發科學衛星之里程碑。

　　2004 年初，哥達德太空飛行中心，加州理工學院及康乃爾大學的科學家們共同研製的勇氣號及機遇號火星車在火星上登陸成功，並發現火星上曾有水存在的證據。這一舉已有力地加速美國重返月球的步驟與信心。為保持美國在國際上的太空領導地位，美國

擬定了新的太空計劃：重返月球，建立月球基地，並且邁上火星！因應美國的新太空計劃，世界各國又重啟太空競賽之序幕：

歐洲宇航聯盟，雄心勃勃，宣佈將在法屬圭亞那庫魯太空中心，發射月球探測器後，再發射金星快車，進入金星軌道，開始金星之旅。

中國嫦娥工程，朝登陸月球，一步步的靠近。準備擇機實施載人登月，並與有關國家，共建月球基地。

日本資源貧乏，對探月很感興趣。一直希望在月球開發方面，能佔一席之地。日本早已制定了月球基地建立計劃。技術和經濟雄厚的三菱重工、三菱電機、東芝和日立等大企業機構，都參與了日本的航天計劃。

蘇俄計劃在 2015 年前，踏上月球，並建立永久性的月球基地。雖然蘇俄太空經費短缺，但憑著豐富的太空站經驗和太空操作技術，蘇俄很可能在美國再次登月前，再製造一次「世界轟動」。

印度正在進行太空飛行之研究，準備發射軌道探測器，探測月球礦床資源之分佈後，再計劃送印度太空人上月球。

月球上可能有人類最需要的能源，資源及生存空間，具有高度的軍事價值。五十年來的太空科技進展，已使很多國家擁有登月的能力。重返月球，已不再是美國的專利。縱觀世局，地球上的大國將來都可能擁有月球基地，作為開拓太空的跳板。

這是太空事業的前景，但是在這光輝前景的照耀下，地球上的戰爭，天災與人禍，仍是人類最大的憂慮。人類智慧的導向，應該何去何從，發人深省！太空軍事競爭，嚴重威脅世界和平；惟有發展太空科技之和平用途，才是拯救地球，造福人類之正道。

　　太空浩淼，地球渺小。地球上的人類，大部份仍是在嚴峻的生活條件下求生存。因此今後國際太空開拓計劃的理念，應該結合中國的智慧，美國的科學，蘇俄的經驗，德國的工程，英法的創新，日本的技巧及印度的幻想，合作開拓太空，保護地球，造福人類。

　　新的太空時代已經到臨，哥達德太空飛行中心的大門前，已是百花盛開，準備迎接來自國際間的太空合作。

後　語

　　2006年3月，哥達德太空飛行中心為我繪製了一張檔案圖片，描述我一生研究工作的領域，圖片包括七幀檔案照，由上至下為：1.太陽，2.地球，3.月球、火星及金星，4.水星，5.冰河與海嘯，6.衛星重力分層掃瞄地球內部的應力。7.中國古代張衡地震儀。圖面上並印有中國兵工學校弓箭校章。總部設於英國劍橋的國際傳記中心獲得解密後的人事檔案後，也編印了一本書，書名為「夢想、理想與現實」，作為以後歷史學家編寫傳記的檔案資料。年事已老，此生無悔。惟一憾事，就是一生為求知求生而奮鬥，對家庭未能克盡做丈夫、做父親的責任，深感愧疚。

　　憶自幼年失父，母子相依為命，我曾在湘江河畔，挖取泥土充饑。十歲喪母，因為貧窮輟學，我也曾餓倒在湖南衡山的南嶽廟內，流落於大火後的長沙街頭。抗日流亡，更備受戰亂之苦。在花蓮兵工學校困學四載，及在高雄兵工廠磨練五年之後，突破層層關卡，遠渡重洋，始能進入英美精英學府及學術機構研究，奠定從事太空科學研究工作之基礎。留美未歸，幾遭大禍。發表論文，險受囚災。以後不顧天文、雷達及電腦專家的集體反對，獨自發展水星旋轉理論，才能建立太陽系中，星球和諧運轉之定理。應邀參與美國阿波羅太空計劃，發射載人衛星，登月成功之後，而又研發太空科技，預測地震、地質、海嘯、氣候等天然災害；探討地球、月球、火星、金星、水星及太陽內部之資源與能源。在本書中我以簡單、平實而通俗的方式，記述了我的研究成果，例如預報四川、唐山及比利時

地震及尋找非洲礦床的成功，促使我在天體物理及地球科學之間，首次建立了互通往來的天橋與地道。回憶中的史實，勾勒出我一生奮鬥的經歷。在讀者理解太空科學進程的視野中，或許可形成一個頗有深度，而又具有科普價值的畫面。我原是受過嚴格的科學教育，而成為一個參與戰爭的科學家，但是戰爭的慘烈，卻賦予了我人生最崇高的使命：造福人類，保護地球。

我一生從事科學研究工作，上窮碧落，下達黃泉，幾十年來，在科學領域中衝鋒陷陣。歲月的滄桑與風雲的變幻，使我領悟到人生的意義與生命的價值；在坎坷的學術研究歲月中，我堅持了科學的良知與理性。知我罪我，留待史家作公正的審判。

中國地大物博，五千餘年以來，祖先在此塊土地上棲居作息，繁衍綿延，步履艱難。代代傳承，始能造成今日的一片大好江山，雄據東亞。但是，在歷史的長河中，戰亂的人禍與不測的天災，也曾幾度威脅國家的存亡與民族的絕續。所以大家都希望化干戈為玉帛。現在我的研究工作已為太空科學開拓了一條異於戰爭的新路，所以我希望此一研究成果，對祖國太空及地球科學之發展與應用，能有參考的價值。

中國大陸發展太空科技，國家將有能力在太空佈署衛星網站，把企圖侵犯中國國土及主權的國家，一網打盡。以戰止戰，世界上將沒有一個國家，敢對中國動武。從此在中國國土上，將永無外來侵略及戰爭人禍之憂慮。我的衛星重力掃瞄方法，有助於國土資源及能源之勘測和開發。並且應用這同一掃瞄地球及其他天體的方法，也顯示出若在中國大陸地層不穩定地區，進行過度的開發，可能引起地震，地質，環境或氣象等方面的天然大災害，後患堪虞。所以我建議中國發展重力衛星，掃瞄中國地層之詳細結構，用以開發國土之資源及能源，保護人民的生命與財產。

　　所有人的生命，都是一部歷史。秉承著中華五千年歷史與文化的傳統，求真求實，我走過了原子及太空兩個時代。我以自己的生命寫成這部歷史，印證了中國儒家思想的「為天地立心，為生民立命，為往聖繼絕學，為萬世開太平」才是人生真正意義的道理。謹以此哲理名言，與正在開拓個人前途與國家命運的新生代炎黃兒女共勉！

　　皇天之下，后土之上的中國人，將是地球的保護者；世世代代，他們將不斷的向宇宙發出人類智慧的信號與光輝。

研究工作檔案照（自上至下：太陽、地球、月球、金星與火星、冰川及海嘯、地球重力分層掃瞄、水星，及中國古代張衡地震儀。）

《劉漢壽：夢想，理想與現實》國際傳記學會檔案精華系列叢書之一。

附錄之一：作者基本資料

下述傳記檔案資料收錄於：科學及工程名人錄，科技前驅名人錄，美國政府名人錄，美國名人錄，世界名人錄，廿世紀傑出名人錄，及廿一世紀天才名人錄。

姓　　名：劉漢壽
出生日期：1930 年 3 月 9 日
出生地點：中國湖南
　　　　　父：劉雨庭　母：劉袁氏
研究領域：太空及地球科學
職　　業：科學家
通曉語言：中文、英文、德文、俄文
工作單位：美國國家航空及太空總署哥達德太空飛行中心
教　　育：兵工學校兵工工程學院畢業（1953）
　　　　　康乃爾大學碩士（1962）及博士（1963）
經　　歷：臺灣兵工廠彈道技術員
　　　　　哈佛大學斯密斯桑蓮天文物理臺訪問天文學家
　　　　　耶魯大學天文臺訪問天文學家
　　　　　康乃爾大學電波物理及太空研究中心研究員
　　　　　美國國家科學院研究員
學會活動：美國科學促進總會
　　　　　世界行星學會
　　　　　美國天文學會
　　　　　美國航空及太空學會
　　　　　美國地球物理學會

附錄之二：作者相關著作

（甲）學術論文曾發表於下列諸學報上

1、科學學報（華盛頓）
2、自然學報（倫敦）
3、天體力學學報
4、近代地質學報
5、地層物理學報
6、地球及行星內部之物理學報
7、國際地球物理學報
8、地球及行星科學快報
9、美國地震學報
10、英國皇家天文學會地球物理學報
11、美國航空及太空學會學報
12、美國音學學報
13、地球物理之研究學報
14、理論及應用氣象學報
15、大氣科學學報
16、嘈雜及變亂快報
17、地球物理快報
18、歐洲西部之地震活動（書）
19、最近大氣科學之研究及發展
20、最近地球物理之研究及發展

（參考文獻：劉漢壽科學論文選集）

（乙）學術論文題目包括

1953 原子彈彈壁問題之研究
1962 電磁場與彈性力場的數學比擬模式
1963 啞鈴型人造衛星之動力學
1965 水星之旋轉理論
1965 相對論振子
1965 材料彈性對衛星運行之影響
1966 金星的公轉及自轉周期
1966 水星的搖頭運動
1967 衛星天線伸展之動力學
1967 可變形衛星在橢圓軌道上之和諧運動
1968 月球同步旋轉之強度
1968 奔月衛星軌道之決定
1968 衛星自月球回返地球之軌道
1968 水星有東西兩座熱峰
1969 論水星之形狀
1970 水星自轉的瞬時速度
1970 熱力與潮汐對水星自轉的影響
1970 水星的熱力收縮
1971 衛星在橢圓軌道上的定向與和諧鎖效用
1971 火星內部熔岩對流及應力之分佈
1972 水星之熱彈性變形
1972 金星內部熔岩對流及應力之分佈
1973 俯衝地殼之變形與不穩定性
1974 地殼運動與地軸移動
1974 論地球兩極之移動與地殼之開裂
1975 地殼沉淪的動力模式
1975 再論地球兩極之移動與地殼之開裂

1976　衛星遙測大平洋地殼下之應力分佈與熔岩對流

1976　亞洲地層下之應力系統及熔岩對流

1977　非洲地層下之應力系統及熔岩對流

1979　熔岩對流所引起的應力集中與中國唐山地震之模式

1979　美國加利福尼亞州地震預測地點之選定

1979　澳大利亞洲地層下的應力分佈與熔岩對流

1980　南美洲地層下的應力分佈與熔岩對流

1980　火山下的應力模式與熔岩對流

1980　美國地層下的應力分佈與熔岩對流

1981　非洲礦床之分佈與地層下應力之關係

1981　再論澳大利亞洲地層下的應力分佈與熔岩對流

1981　中亞細亞地殼變形的地質動力學

1982　西伯利亞貝加爾湖地震帶的地質動力學

1983　歐洲中部地殼變形及地震位移的動力模式

1984　衛星遙測歐洲地殼下應力之分佈

1985　再論地極移動與地球開裂

1986　西藏高原地殼變形的動力模式

1987　衛星遙測西藏高原地殼變形的物理結構

1988　中國長江三峽區域地層下應力之分佈

1991　地球赤道面的主軸及其慣性動量

1992　地球傾斜角的變動頻率與十萬年的冰河週期

1994　冰河週期的新天文理論

1998　進入地球的太陽輻射熱能的脈衝引起結冰與解冰之變化

1998　太陽輻射熱能的變動對氣候改變之影響

1998　地球軌道改變與古氣候週期之微波譜分析

2001　地球系統的軌道改變對氣候之影響

2001　入侵太陽輻射熱之軌道調節

2002　全球系統的軌道調節是氣候改變的基本原因

2002　地球軌道之改變是地磁變動的主要原因

2003　太陽輻射脈衝理論解釋大氣中二氧化碳之濃積與消散
2003　衛星探測地球內部之應力分佈
2004　衛星重力分層掃瞄之方法：解決地球模式之爭論
2005　衛星重力分層掃瞄：探測月球及星球內部之物理結構
2006　衛星重力掃瞄：地球內熔岩熱力對流之模式
2006　衛星重力掃瞄：中國地震應力集結四川

（參考文獻：劉漢壽科學論文選集）

附錄之三：作者重要勛獎

1、人類首次登月成就獎
2、登月勛章
3、太空總署特別獎
4、美國科學促進總會榮譽會員
5、世界行星學會創辦會員
6、國際年度風雲科學家獎
7、太空梭獎
8、太空站獎
9、阿波羅 11 號載人衛星登月 25 週年紀念獎
10、美國榮譽金鷹勛章
11、世界功勛金禾獎章
12、國際和平獎
13、世界藝術及科學會議終身成就獎
14、美中友好終身成就獎
15、廿一世紀天才獎章
16、美國天才桂冠
17、愛因斯坦科學講座
18、愛因斯坦科學成就獎

The National Aeronautics and Space Administration
presents the

Apollo Achievement Award
to

Han-Shou Liu

In appreciation of dedicated service to the nation as a member of the team which has advanced the nation's capabilities in aeronautics and space and demonstrated them in many outstanding accomplishments culminating in Apollo 11's successful achievement of man's first landing on the moon, July 20, 1969.

Signed at Washington. D.C.

ADMINISTRATOR, NASA

人類首次登月成就獎。

登月勳章。

太空總署特別獎。

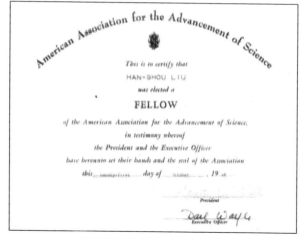

美國科學促進總會榮譽會員。

世界行星學會創辦會員。

國際年度風雲科學家獎。

太空梭獎。

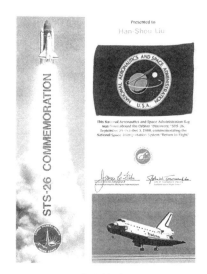

太空站獎。

阿波羅 11 號載人衛星登月 25 週年紀念獎。

世界功勳金禾獎章。

美國榮譽金鷹勛章。

國際和平獎。

世界藝術及科學會議終身成就獎。

美中友好終身成就獎。

21 世紀天才獎章。

美國天才桂冠。

世界學術評議院邀請擔任愛因斯坦科學講座。

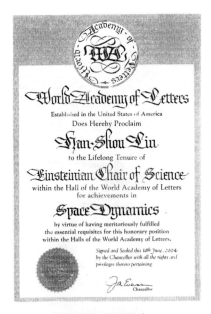

愛因斯坦科學講座。

愛因斯坦科學成就獎。

國家圖書館出版品預行編目

從失學少年到太空科學家──劉漢壽回憶錄 / 劉漢壽
著.-- 一版. -- 臺北市：秀威資訊科技, 2010.05
　面；　公分. -- (史地傳記類；PC0110)
BOD 版
ISBN 978-986-221-440-4(平裝)

1. 劉漢壽　2. 科學家　3. 回憶錄

782.886　　　　　　　　　　　　99005141

史地傳記類　PC0110

從失學少年到太空科學家
──劉漢壽回憶錄

作　　者 / 劉漢壽
發 行 人 / 宋政坤
執行編輯 / 胡珮蘭
圖文排版 / 鄭維心
封面設計 / 蕭玉蘋
數位轉譯 / 徐真玉　沈裕閔
圖書銷售 / 林怡君
法律顧問 / 毛國樑　律師
出版印製 / 秀威資訊科技股份有限公司
　　　　　台北市內湖區瑞光路 583 巷 25 號 1 樓
　　　　　電話：02-2657-9211　　　傳真：02-2657-9106
　　　　　E-mail：service@showwe.com.tw
經 銷 商 / 紅螞蟻圖書有限公司
　　　　　台北市內湖區舊宗路二段 121 巷 28、32 號 4 樓
　　　　　電話：02-2795-3656　　　傳真：02-2795-4100
　　　　　http://www.e-redant.com

2010 年 5 月 BOD 一版
定價：260 元

讀　者　回　函　卡

感謝您購買本書，為提升服務品質，煩請填寫以下問卷，收到您的寶貴意見後，我們會仔細收藏記錄並回贈紀念品，謝謝！

1.您購買的書名：＿＿＿＿＿＿＿＿＿＿＿＿＿＿＿＿＿＿

2.您從何得知本書的消息？

　□網路書店　□部落格　□資料庫搜尋　□書訊　□電子報　□書店

　□平面媒體　□ 朋友推薦　□網站推薦　□其他＿＿＿＿＿＿

3.您對本書的評價：(請填代號　1.非常滿意 2.滿意 3.尚可 4.再改進)

　封面設計＿＿　版面編排＿＿　內容＿＿　文/譯筆＿＿　價格＿＿

4.讀完書後您覺得：

　□很有收獲　□有收獲　□收獲不多　□沒收獲

5.您會推薦本書給朋友嗎？

　□會　□不會，為什麼？＿＿＿＿＿＿＿＿＿＿＿＿＿＿＿＿＿

6.其他寶貴的意見：＿＿＿＿＿＿＿＿＿＿＿＿＿＿＿＿＿＿

　＿＿＿＿＿＿＿＿＿＿＿＿＿＿＿＿＿＿＿＿＿＿＿＿＿＿＿

　＿＿＿＿＿＿＿＿＿＿＿＿＿＿＿＿＿＿＿＿＿＿＿＿＿＿＿

　＿＿＿＿＿＿＿＿＿＿＿＿＿＿＿＿＿＿＿＿＿＿＿＿＿＿＿

讀者基本資料

姓名：＿＿＿＿＿＿＿＿＿＿　年齡：＿＿＿　性別：□女 □男

聯絡電話：＿＿＿＿＿＿＿＿　E-mail：＿＿＿＿＿＿＿＿＿＿

地址：＿＿＿＿＿＿＿＿＿＿＿＿＿＿＿＿＿＿＿＿＿＿＿＿＿

學歷：□高中(含)以下　　□高中　□專科學校　□大學

　　　□研究所(含)以上 □其他＿＿＿＿＿＿＿＿

職業：□製造業 □金融業 □資訊業 □軍警 □傳播業 □自由業

　　　□服務業 □公務員 □教職　□學生 □其他＿＿＿＿＿

To：114

台北市內湖區瑞光路 583 巷 25 號 1 樓

秀威資訊科技股份有限公司　　　收

寄件人姓名：

寄件人地址：□□□

(請沿線對摺寄回,謝謝!)

秀威與 BOD

BOD（Books On Demand）是數位出版的大趨勢，秀威資訊率先運用 POD 數位印刷設備來生產書籍，並提供作者全程數位出版服務，致使書籍產銷零庫存，知識傳承不絕版，目前已開闢以下書系：

一、BOD 學術著作—專業論述的閱讀延伸
二、BOD 個人著作—分享生命的心路歷程
三、BOD 旅遊著作—個人深度旅遊文學創作
四、BOD 大陸學者—大陸專業學者學術出版
五、POD 獨家經銷—數位產製的代發行書籍

BOD 秀威網路書店：www.showwe.com.tw
政府出版品網路書店：www.govbooks.com.tw

永不絕版的故事・自己寫・永不休止的音符・自己唱